GLUTENFREI KOCHEN UND BACKEN

Genussvoll essen ohne Weizen, Dinkel & Co

100%
glutenfrei

GLUTENFREI
KOCHEN UND BACKEN

Genussvoll essen ohne Weizen, Dinkel & Co

Texte und Rezepte: Christiane Schäfer, Sandra Strehle
Fotos: Jörn Rynio

THEORIE

GLUTENFREI KOCHEN UND BACKEN

FÜR FAMILIE UND FREUNDE

REZEPTE

GLUTENFREI GENIESSEN
BEI ZÖLIAKIE

GLUTENFREI KOCHEN UND BACKEN

für Familie und Freunde

Die Diagnose Zöliakie bringt Umstellungen mit sich – sowohl für den Einzelnen als auch für Familie und Freunde, die Ihnen mit etwas Selbsthergestelltem eine Freude bereiten möchten. Das glutenfreie Werkeln in der Küche ist gerade zu Beginn der Diagnose mit Unsicherheiten verbunden. Schluss mit Fragezeichen und fehlerhaften Zubereitungen. Dieses Buch soll Ihnen Anleitung sein und Freude für das Kochen und Backen von köstlichen glutenfreien Rezepten ohne viel Schnickschnack vermitteln, um den Weg in eine gesunde Zukunft zu ebnen!

GLUTEN UND GLUTENFREIHEIT – was heißt das eigentlich?

Gluten ist heute in aller Munde. Aber was ist das eigentlich genau und wieso fällt es bei vielen Produkten sofort ins Auge?

Gluten ist der Hauptbestandteil in hiesigen heimischen Getreideprodukten. Es bezeichnet einen Eiweißanteil, der aus zwei verschiedenen Fraktionen besteht, die bei Zöliakiebetroffenen auch in kleinsten Mengen zu einer schwerwiegenden Entzündung im Darm führen. Daher muss der Zöliakiebetroffene es lebenslang streng vermeiden. Bei Patienten mit Bauchbeschwerden gibt es heute Empfehlungen, Gluten bzw. die Menge an heimischem Getreide zu reduzieren. Während diese als glutensensitiv bezeichneten Menschen nur zeitlich befristet Gluten auf dem Teller reduzieren müssen, muss ein Zöliakiebetroffener dieses Protein sein ganzes Leben lang konsequent vom Speiseplan streichen.

WO VERBIRGT SICH GLUTEN?

Das heißt im Klartext: Weizen, Roggen, Dinkel, Grünkern, Khorasan/Kamut®, Gerste, Triticale, Emmer, Urkorn und bedingt auch Hafer (siehe dazu Seite 17) müssen für Zöliakiebetroffene ins Fahndungsvisier rücken! Damit ist aber nicht nur der Weg zum Bäcker, um Brot und Brötchen zu kaufen, ad acta zu legen, Sie müssen Ihre Augen bei jedem Einkauf offen halten, denn auch in vielen verarbeiteten Produkten lauert Gluten – oft auch da, wo Sie es gar nicht vermuten würden. Das Selbsthergestellte bekommt deshalb einen großen Stellenwert, denn es ist auf jeden Fall »sicher«.

WAS GIBT MIR BEIM EINKAUF SICHERHEIT?

Als »glutenfrei« dürfen seit August 2008 im Codex Alimentarius alle Lebensmittel gekennzeichnet werden, wenn sie weniger als 20 ppm, d. h. weniger als 2 mg Gluten/100 g im Endprodukt enthalten. Durch diesen einheitlichen sicheren Grenzwert wurde es möglich, auch Produkte aus ursprünglichen Glutenquellen für Zöliakiebetroffene sicher nutzbar zu machen. Heute können Lebensmittel zwar aus einer glutenhaltigen Grundzutat hergestellt werden, z. B. kann Stärke aus Weizen oder Malz aus Gerste sein, aber der abschließende Eiweißgehalt im Endprodukt wird durch spezielle Herstellungsverfahren so niedrig, dass es für Zöliakiebetroffene sicher verträglich ist.

Wie erkenne ich Gluten?

Seit dem 13.12.2014 müssen alle Waren, die Gluten enthalten, egal ob verpackt oder unverpackt, deklariert sein. Somit ist aus verbraucherpolitischer und juristischer Sicht gesichert, dass Sie als Kunde vor dem Einkauf oder Verzehr Klarheit erlangen, ob eine Speise Gluten enthält. Denn diese Regelung gilt für den Lebensmittelhandel, im Restaurant, auf dem Markt, ...

Das große Aber bei der Sache

Noch ist vor allem bei loser Ware dieser Rechtsanspruch etwas holperig und schwierig. Um sich rechtlich bei dieser strengen gesetzlichen Vorgabe abzusichern, gehen viele Anbieter den Weg, auf Listen im Verkaufsraum und auf der Verpackung mögliche produktionsbedingte Kontaminationen zu benennen. Jeder, der einmal in einer Küche hantiert hat, weiß, dass das legitim und richtig ist und keinesfalls zum Schaden der Betroffenen geschieht. Und so finden Sie häufig Hinweise wie »kann Spuren von Gluten enthalten« oder »in unserem Betrieb wird Gluten verarbeitet«, obwohl das Lebensmittel laut Rezept kein Gluten enthält. Dies geschieht aus Produkthaftungsgründen. Sie wissen dadurch jedoch nicht, ob hinter dem Produkt tatsächlich Glutengefahr lauert. Aber der rechtliche Rahmen ist für beide Seiten wirklich sehr schwierig: Im Restaurant, auf dem Markt, an der Theke oder im Supermarkt hilft Ihnen nur Vertrauen oder die Prüfung der Zutatenliste.

KENNZEICHNUNG VON GLUTEN

Warum sie zu Verwirrungen führen kann und wie Sie zielsicher aus dem Labyrinth der Deklarierungen herausnavigieren.

Seit Dezember 2014 sieht die Lebensmittelinformationsverordnung (LMIVO) eine ausnahmslose Kennzeichnung von allen glutenhaltigen Getreidesorten vor, egal in welcher Menge sie verwendet werden. Dies ist vor allem im Sinne all derjenigen, die eine Weizenallergie haben.

WAS BEDEUTET DIE KENNZEICHNUNG FÜR ZÖLIAKIEBETROFFENE?

Zu den kennzeichnungspflichtigen Getreidesorten gehören alle glutenhaltigen Sorten, einschließlich Hafer und daraus hergestellte Produkte. Für Zöliakiebetroffene ist das gut. Denn egal, in welcher Menge und in welchem Herstellungsschritt Glutenhaltiges verwendet wurde, es muss immer gekennzeichnet sein. Frei nach dem Motto: Wenn es nicht auf der Packung steht, darf es auch nicht enthalten sein.

Das DZG-Siegel hilft

Wenn das Produkt diesen strengen Anforderungen entspricht, und vor allem wenn der Hersteller unangemeldete Kontrollen durch die DZG zulässt, dann darf das Produkt auch das DZG-Siegel der durchgestrichenen Ähre tragen. Die Kennzeichnung nach der LMIVO erfolgt aber eben auch, wenn das Endprodukt für Zöliakiebetroffene zwar glutenfrei ist, jedoch das Ausgangsprodukt, aus dem es gefertigt wurde, glutenhaltig war, z. B. bei glutenfreier Weizenstärke.

Ein Blick auf die Zutatenliste lohnt sich

Jede glutenhaltige Grundzutat bei verpackter Ware muss im Zutatenverzeichnis auch optisch hervorgehoben sein. Dies kann in Schriftgröße, Schriftfarbe oder Schriftstil erfolgen. Bei unverpackter Ware kann diese Information mündlich, z. B. über das Servicepersonal, elektronisch (z. B. über ein Tablet) oder schriftlich (z. B. Piktogramm) erfolgen. Auf jeden Fall ist auch bei loser Ware eine schriftliche Dokumentation verpflichtend, die Ihnen vor Ihrer Kaufentscheidung vorliegen muss. Alle diese Vorschriften gelten auch für den Internethandel oder tagesaktuelle Angebote, z. B. bei Mittagstischen oder an Marktständen.

UNBEABSICHTIGTE GLUTENVERUNREINIGUNGEN

Zu einer unbeabsichtigten Glutenkontamination kann es in verschiedenen Prozessphasen der Herstellung kommen: Ernte,

Transport, Lagerung, Vermahlen, Warenherstellung, Warenanlieferung, Zubereitung oder beim Servieren. Endprodukte jeglicher Art können Gluten oder unbeabsichtigt Spuren von Gluten enthalten. Wenn man es genau nimmt, so ist aber ein kleiner Bodensatz an Gluten im Endprodukt für den Zöliakiebetroffenen unkritisch. Deshalb bleibt der Alltag kniffelig: Hersteller sind aus produkthaftungstechnischen Gründen beinahe gezwungen, eine entsprechende Kennzeichnung bezüglich unbeabsichtigter Kontaminationen (sogenannte »Spurenkennzeichnung«) vorzunehmen, auch wenn sie sich einer guten Herstellungspraxis sicher sind. Die Vorgabe des Gesetzgebers für die Kennzeichnung lautet nämlich 0 ppm, also 0 mg/100 g. Das ist schlichtweg nicht einzuhalten, sofern auch glutenhaltige Zutaten im Betrieb verarbeitet werden, selbst wenn die Firma ein sehr gutes Allergenmanagement praktiziert.

DIE DZG BIETET HILFESTELLUNG

Die größtmögliche Sicherheit bei der Produktauswahl bietet die jährlich aktualisierte DZG-Lebensmittelaufstellung, die Sie als DZG-Mitglied kostenlos und quartalsweise in Papierform aktualisiert erhalten. Viele Anbieter und Hersteller haben seit der neuen Kennzeichnungspflicht vom 13.12.2014 ihre Rezepturen verändert, sodass es immer lohnend ist, noch einmal den Sicherheitsblick – auch bei langjährig bekannten Zutaten – in diese Aufstellung zu werfen. In dieser Liste finden Sie nur »eindeutig glutenfreie« Lebensmittel.

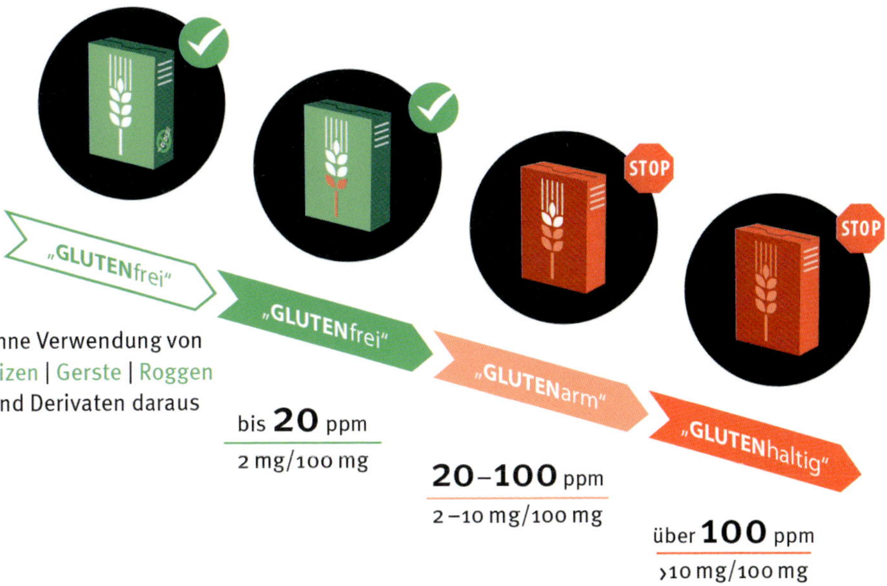

EIN WORT ZUR STÄRKE

Gerade in der glutenfreien Bäckerei kommt Stärke eine tragende Rolle zu. Lesen Sie hier, worauf Sie bei Kauf und Verwendung achten müssen.

Stärken sind Kohlenhydrate, sie bilden den Hauptbestandteil der im Mehl enthaltenen Fraktionen. Sie können sowohl aus glutenhaltigen, z. B. Weizen oder Gerste, als auch glutenfreien Ausgangsprodukten, z. B. Mais oder Kartoffeln, hergestellt werden. Die Verwendung von Stärke, insbesondere von glutenfreier Weizenstärke, ist in der Zöliakieberatung immer wieder Thema: Denn Stärke kann aus glutenhaltigen Grundzutaten hergestellt werden und trotzdem im Verlaufe der Produktion glutenfrei werden. Sie müssen also sattelfest in der Verwendung von Begrifflichkeiten und Kennzeichnungsvorschriften sein, um sich zurechtzufinden.

WANN IST STÄRKE GLUTENFREI?
Für glutenfreie Stärken reicht der Begriff »Stärke« im Zutatenverzeichnis. Diese Bezeichnung – ohne weitere Zusätze – heißt immer, dass es sich um glutenfreie Stärke handelt und Sie diese ohne Unsicherheiten verwenden und genießen können. Das Gleiche gilt für die »modifizierte Stärke«. Auch sie ist – ohne weiteren Zusatz – immer aus einem glutenfreien Ausgangsprodukt und für Sie verträglich.

SO ENTSTEHT STÄRKE

In reinster Form enthalten Stärken kein glutenhaltiges Eiweiß, das zu Schädigungen führen könnte. Stärke wird extrahiert, indem das Mehl in eine Wasserlösung gegeben wird. So können Eiweiße (Glutenfraktionen), Fette und Ballaststoffe analytisch getrennt werden, da diese nicht wasserlöslich sind. Dabei können verschiedene Qualitäten von Stärke entstehen: Sogenannte B-Stärke (Sekundastärke) hat einen Eiweißanteil von bis zu 5 %, ist nicht glutenfrei und muss immer in der Zutatenliste auch klar als Glutenbestandteil erkennbar sein. Hersteller glutenfreier Produkte verwenden glutenfreie Stärke, die lediglich einen Resteiweißgehalt von 0,3 % aufweist. Die Kennzeichnung erfolgt in den meisten Fällen als »glutenfreie Weizenstärke«. Sogenannte modifizierte Stärken wurden chemisch oder physikalisch durch bestimmte Prozesse verändert und lassen sich daher meist lebensmitteltechnologisch vielfältiger einsetzen. Sie sind immer glutenfrei.

INFO DIE SACHE MIT DEN VERZUCKERUNGSPRODUKTEN

Stärke kann zu sogenannten Vielfachzuckern (Polysacchariden) weiterabgebaut werden. Die einzelnen Produktionsschritte bedingen auch den Glutengehalt im Endprodukt. Für Zöliakiebetroffene heißt das: Es kann sein, dass eine Kennzeichnung erfolgen muss, weil das Produkt z. B. aus glutenhaltigem Weizen hergestellt wurde. Trotzdem kann der Verzehr für Sie ohne Risiko möglich sein, da der Glutengehalt auf unter 20 ppm reduziert wurde.

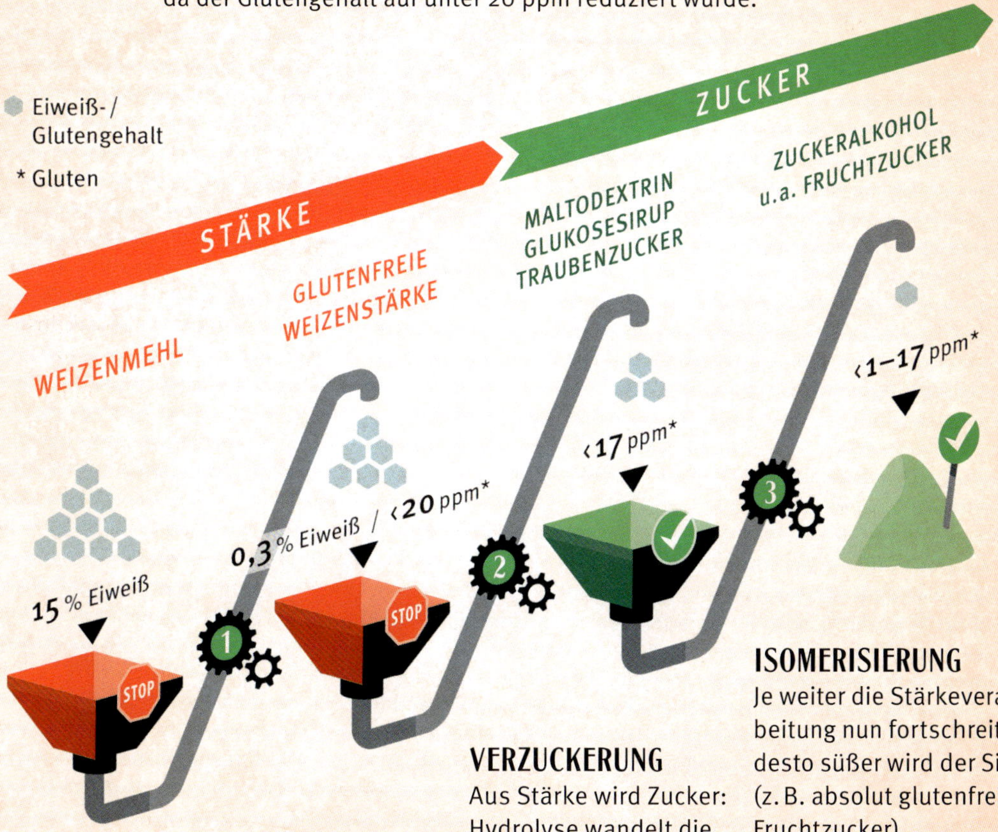

VERFLÜSSIGUNG

Aus Mehl wird Stärke: Die Stärke wird vom Gluten abgetrennt, der Eiweißgehalt sinkt.

VERZUCKERUNG

Aus Stärke wird Zucker: Hydrolyse wandelt die Stärke z. B. in Traubenzucker (Glutengehalt ‹ 17 ppm) um.

ISOMERISIERUNG

Je weiter die Stärkeverarbeitung nun fortschreitet, desto süßer wird der Sirup (z. B. absolut glutenfreier Fruchtzucker).

GLUTENFREIES BACKEN – Übung macht den Meister!

Glutenfreies Backen macht große Freude, wenn Sie einige Grundregeln beherzigen. Aber Vieles erlernen Sie auch durch Erfahrung und Ausprobieren.

Wenn Sie ein glutenhaltiges Mehl der Type 405 kaufen, ist das unabhängig vom Hersteller in seinen Backeigenschaften immer gleich, da es aus einer einzigen Grundzutat besteht. Ein reines Weizenmehl eignet sich, egal ob es aus der eigenen Getreidemühle, aus einer kleinen Müllerei oder aus einem Großbetrieb stammt für Brot, Brötchen, Kekse und Kuchen. Das ist bei der Sortimentsvielfalt der glutenfreien Hersteller (siehe Seite 180) ganz anders.

EINZELZUTATEN ODER MEHLMISCHUNGEN?

Glutenfreie Mehle, Mehlmischungen und glutenfreie Fertigbackmischungen unterscheiden sich sehr deutlich. Grundsätzlich geht es um die sehr unterschiedliche Wasserbindungsfähigkeit, Fließfähigkeit und Elastizität von Teigen und die Teigführung an sich. Je nach verwendetem Mehlersatz müssen Sie anhand der Teigbeschaffenheit und Grundteigart Flüssigkeiten reduzieren oder ergänzen. Klare Angaben sind hier nur bedingt möglich, da Teigtemperatur, Rührzeiten und eben das Ausgangsmehl bzw. die Mischung von Grundmehlen und Verdickungsmehlen entscheidend ist. Das ist am Anfang manchmal etwas gewöhnungsbedürftig. Anders als bei herkömmlichen glutenhaltigen Teigen sind die glutenfreien Mischungen aufgrund ihrer wechselnden Zusammenstellungen manchmal sehr unterschiedlich in ihrer Teigführung. Bleiben Sie gerade zu Beginn bei den Empfehlungen, die der Hersteller auf der Packung angibt, auch wenn der Rührteig ganz anders aussieht als bisher gewohnt! Haben Sie den Dreh einmal raus, macht es Ihnen sicher Freude, selbst zu experimentieren.

WIE SETZT SICH EIN GLUTENFREIER TEIG ZUSAMMEN?

Grundsätzlich benötigt ein Teig ca. 40 % Stärke und 60 % Mehlersatz. Als Stärkegrundlage kann Pudermehl aus Kartoffeln, Mais, Reis oder glutenfreier Weizenstärke verwendet werden. Die Grundzutaten, die als Mehlersatz dienen, haben jeweils einen Steckbrief (siehe Seite 16 ff), der bei der Teigführung (Rühr- und Knetzeiten, Wasserzugabe) beachtet werden will.

INFO KLEINE MÜHLENTECHNIK

Glutenfreies Getreide darf nie in Getreidemühlen verarbeitet werden, die auch glutenhaltige Getreide vermahlen. Das macht den Einkauf schwierig. Denn in Bioläden & Co. wird zwar häufig die Benutzung einer Getreidemühle angeboten, allerdings weiß man nie, ob nicht doch aus Versehen ein glutenhaltiges Getreide durch die Mühle gegangen ist. Die Anschaffung einer eigenen Mühle ist also durchaus eine Überlegung wert.

PER HAND ODER ELEKTRISCH?

Das Mahlen von Hand ist mühsam. Mit einer elektrischen Mühle geht's schneller und leichter.

MAHLWERK

Sie haben die Wahl zwischen Scheiben- und Kegelmahlwerk.

STEIN, STAHL ODER KERAMIK?

Steinmahlwerke erhitzen sich nicht so stark wie Stahlmahlwerke. Ein Stahlmahlwerk ist sinnvoll, wenn Sie auch Ölsaaten mahlen. Keramik vereint alle Vorzüge von Stein und Stahl.

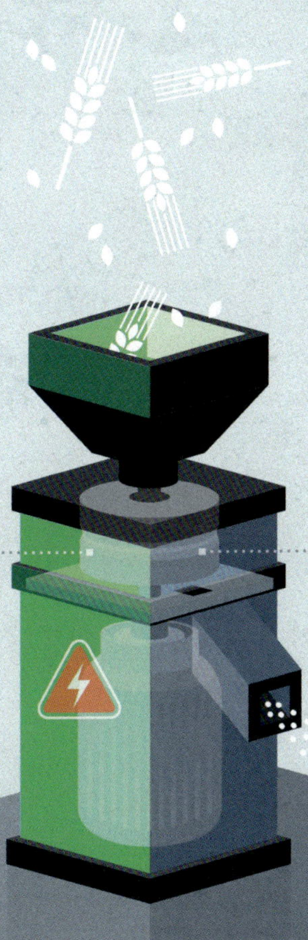

MAHLLEISTUNG

Mit 150 Watt Motorleistung schaffen die Geräte 50–60 g fein geschrotetes Getreide pro Minute und ab 300 Watt 150–200 g.

DAS ABC DER GLUTENFREIEN MEHLALTERNATIVEN

Die Grundzutat entscheidet über den späteren Geschmack und das Aussehen Ihres Backwerkes. Je nach Mischung der glutenfreien Grundmehle werden das Quellvermögen und die Teigstruktur entschieden.

DIE GRUNDMEHLE

Amarant (Bild unten)

Ein relativ großer Amarantanteil im Teig hält die Gebäcke auch nach dem Backen etwas länger frisch. Die Samen sind klein und hart und lassen sich nur schwer in der Getreidemühle vermahlen. Am besten kaufen Sie deshalb Amarant als fertiges Mehl.

Buchweizen

Buchweizen schmeckt nussig und etwas herb. Aber für kräftig schmeckende Brote ist Buchweizenmehl ideal geeignet, zumal das Mehl dem Teig immer auch eine dunkle, an Vollkorn erinnernde Farbe gibt. Wegen der Kontaminationsgefahr sollten Sie nur Buchweizenprodukte kaufen, die mit dem DZG-»glutenfrei«-Zeichen (durchgestrichene Ähre) gekennzeichnet sind.

Hirse

Hirse ist in der Verwendung vollkommen problemlos und geschmacklich vielseitig. Sie wird als ganzes Korn, gemahlen und als Grieß angeboten. Die Zubereitung ist ähnlich wie bei Reis. Hirse hat ein höheres Quellvermögen als Reis und benötigt bei der Teigführung daher mehr Wasser. Sie ist ideal für aromatisch-süßliches Gebäck.

Kichererbsenmehl

Als ergänzende Mehlzutat kann das aromatisch nussige, eiweißreiche Mehl den ernährungsphysiologischen Wert von glutenfreien Gebäcken deutlich aufpeppen.

Lupinenmehl (Bild oben)

Sein Geschmack ist neutral. Mehl aus Lupinen gibt Gebäck ein gutes Teiggerüst und ein gewisses Feuchterückhaltungsvermögen, sodass Brote & Co. nicht so schnell altbacken werden.

Sojamehl

Ein beachtlicher Anteil an Eiweiß und essentiellen Fetten in Sojamehl und -flocken sorgen für saftige Gebäckstücke. Soja ist kostengünstig und problemlos in der Verwendung. Häufig steckt es in glutenfreien Fertigmehlmischungen. Möchten Sie auf Soja lieber verzichten, mischen Sie sich Ihre Backmischungen am besten selbst.

Teff (Bild rechts)

Teff hat einen nussigen, leicht süßen, sehr milden und unaufdringlichen Geschmack. Teffkörner sind sehr hart, verwenden Sie deshalb das fein gemahlene Mehl aus dem Handel. Ähnlich einem Vollkornmehl gibt es Gebäcken und Mehlzubereitungen einen dunklen Farbton. Teffmehle können Sie für verschiedene Teigzubereitungen mühelos und immer mit »Gelinggarantie« einsetzen. Mischen sie diese mit anderen glutenfreien Mehlsorten und bessern Sie so deren meist schlechtere Backeigenschaften auf. Allerdings ist Teff relativ teuer.

Sonderfall Hafer

Nach der neuen Zöliakieleitlinie von 2014 darf sortenreiner und nicht kontaminierter Hafer als »glutenfrei« gekennzeichnet werden, sofern er maximal 20 ppm (2 mg/100 g) oder weniger Gluten enthält. Die DZG empfiehlt höchstens 50 g Hafer am Tag. Und dies auch nur unter deutlich engerer ärzt-

licher Verlaufskontrolle der serologischen Parameter und nicht für Kinder. Wir haben deshalb ganz bewusst auf die Verwendung von Hafer verzichtet, da uns die Datenlage zu ungewiss ist.

STÄRKEN UND ANDERE QUELLMITTEL

Stärken werden vor allem aufgrund ihrer Quelleigenschaften und ihrer teigbeeinflussenden Eigenschaften (z. B. Feuchtigkeitsbindung, Fließverhalten) als wichtige Grundlage für glutenfreie Teigmischungen verwendet. Die Moleküle lösen sich leicht auf, binden Wasser und sind auch in Lösung dann mehr oder weniger stabil.

Glutenfreie Weizenstärke

Sie zeichnet sich durch besonders günstige Backeigenschaften – insbesondere eine hohe Viskosität, also Fließfähigkeit – und einen milden Geschmack aus. Daher ist sie vielfältig einsetzbar. Allerdings darf sie nicht mit der normalen Weizenstärke (Pudermehl, Hasenmehl) verwechselt werden und ist im Rahmen der Zöliakieernährung nur geeignet, wenn sie tatsächlich das Label »glutenfrei« trägt.

Kartoffelmehl und Kartoffelstärke

Kartoffelstärke kann überall dort in glutenfreien Gebäcken Anwendung finden, in denen eine stabilisierende oder emulgierende Funktion gefragt ist: Glutenfreie Rührteige, Biskuit- und Hefegebäcke profitieren von Kartoffelstärke als Grundzutat. Da Kartoffelmehl geschmacksneutral ist, erfreut es sich in der glutenfreien Küche großer Beliebtheit. Rühren Sie es allerdings zu lange, wird es klebrig und verliert seine bindende Teigeigenschaft. Da Kartoffelmehl von Natur aus glutenfrei ist, können Sie es kostengünstig im Normalsortiment jedes gut sortierten Supermarktes kaufen.

Maismehl

Das sehr stärkereiche Maismehl eignet sich als Mischung mit anderen glutenfreien Mehlen zum Backen von Kuchen und Pfannkuchen oder zum Binden von Saucen und Suppen. Es ist von Haus aus glutenfrei und steht als reine Maisstärke im Backregal vieler Supermärkte. Ähnlich wie Kartoffelstärke macht sie Teige feinporig, darf aber nicht zu lange gerührt werden.

Reis

Überwiegend als Mehl wird er glutenfreien Mehlmischungen zugesetzt. Reismehl ist geschmacksneutral und für verschiedene Teige als Stärkezutat verwendbar.

Tapiokamehl (Bild links)

Es verbessert die Krume und macht die Kruste schön kross. Sein Nachteil: Der mehlige Geschmack, der nur durch einen längeren Koch- bzw. Backprozess verlorengeht. Sein Vorteil: Es verändert die Elastizität des Brotes wegen seiner sehr guten Wasseraufnahme. Ersetzen Sie etwa ein Fünftel der Mehlmenge durch Tapiokamehl, der Teig braucht dann aber mehr Flüssigkeit. Tapiokamehl oder Tapiokastärke gibt's im Asialaden, es ist von Natur aus glutenfrei.

Kokosmehl

Als Mehlersatz bringt es Feuchtigkeit und vor allem Ballaststoffe in glutenfreie Teige. Sie können ca. ein Fünftel der normalen glutenfreien Mehlzugabe durch Kokosmehl ersetzen. Teige mit entöltem Kokosmehl benötigen deutlich mehr Flüssigkeit als reine Stärkemischungen, aber sie erhalten eine herrlich frische Kokosnote, die z. B. in Brötchen, aber auch Kekse geschmackliche Abwechslung bringt.

Quinoa

Die Körner des »Inkaweizens« werden wie Reis oder Hirse verarbeitet und müssen gebacken bzw. gegart werden. Vor der Verwendung sollten sie unter fließendem heißem Wasser abgespült werden, um Bitterstoffe restlos zu entfernen.

SOLL'S MAL ETWAS BESONDERES SEIN

Bananenmehl (Bild rechts)

Das aus Kochbananen hergestellte Mehl hat eine hohe Backfähigkeit und hält die Backwaren länger frisch. Der Mehl- oder Stärkeanteil in Backrezepten kann bis zu 50 % durch Bananenmehl ersetzt werden.

Kastanienmehl

Sein herzhaftes und leicht bitter schmeckendes Aroma passt gut in kräftige Brote. Sein sehr starker Eigengeschmack ist eher etwas für Vollkornvarianten. Wenn Sie es nicht ganz so kräftig mögen, mischen Sie Buchweizen- und Kastanienmehl.

VERDICKUNGSMITTEL – ohne sie geht es in der Zöli-Bäckerei nicht

FÜR EINE GUTE TEIGKONSISTENZ

Für welches der folgenden Lebensmittel Sie sich dabei entscheiden, hängt davon ab, was später aus dem Backofen kommen soll.

Agar Agar

Agar Agar (E 406) gibt es als Bindemittel im Reformhaus zu kaufen. Es ist eine Pflanzengelatine, die aus ostasiatischen Algen gewonnen wird und daher auch asiatische Gelatine genannt wird. Agar Agar wird in etwas Flüssigkeit aufgekocht, die verdickende Wirkung beginnt dann aber erst beim Abkühlen der Speisen. Im Haushalt kann Agar Agar als veganer Ersatz für Gelatine verwendet werden (1 gestrichener Teelöffel entspricht ca. 8 Blatt Gelatine).

Guarkernmehl

Als Pulver wird es in kleinen Dosen im Reformhaus angeboten. Guarkernmehl (E 412) wird aus dem Samen der Guarbohne hergestellt und hat verdickende und emulgierende Wirkung sowie eine hohe Fähigkeit, Flüssigkeiten in kaltem Zustand zu binden. In glutenfreien Gebäcken kann es den Feuchtigkeitsgehalt erhöhen. Glutenfreies Brot hält sich dann länger frisch.

Pfeilwurzelmehl (Bild oben)

Pfeilwurzelmehl ist eine eher teure Spezialität. Es wird aus verschiedenen Pflanzen hergestellt und bezeichnet ein stärkehaltiges Mehl, das sich gut zum Binden und Emulgieren eignet. Es ist geschmacksneutral und einfach in der Verarbeitung.

BALLASTSTOFFE ALS TEIGHILFSMITTEL

Um eine gute Teigführung insbesondere bei glutenfreien Teigen zu ermöglichen, mischen Hersteller und Backprofis den glutenfreien Mehlen verschiedene Ballaststoffe als Verdickungsmittel bei. Damit schlagen Sie gleich zwei Fliegen mit einer Klappe: Ballaststoffe sind Quellstoffe, die Ihrem glutenfreien Gebäck eine Extraportion Feuchtigkeit spendieren und gleichzeitig Ihrer Verdauung auf die Sprünge helfen.

Apfelpektin

Wie alle Ballaststoffe quillt auch Pektin in Verbindung mit reichlich Flüssigkeit im Magen-Darm-Trakt auf, lockert dadurch den Stuhl und sorgt so für eine gesunde und reibungslose Verdauung. Das kann gerade zu Beginn einer glutenfreien Kost für den verdauungsgestressten Bauch sinnvoll sein. Auch die Sättigung wird durch Apfelpektin beschleunigt, wenn Sie viel dazu trinken. Denn Apfelpektin in Verbindung mit Wasser bildet eine gelartige Lösung mit sehr großer Oberfläche. So verleiht es glutenfreien Gebäcken eine gute Backeigenschaft und vor allem ein gutes Feuchtigkeitsrückhaltevermögen. Es ist in Reformhäusern als Pulver oder als Flockenzusatz erhältlich.

Flohsamenschalen (Bild links)

Flohsamen sind die Joker in der glutenfreien Küche. Sie sind als Flohsamen, Flohsamenschalen (Psyllium) oder als gemahlene Flohsamenschalen erhältlich. Die auch als indische Flohsamenschalen bekannte Ballaststoffmischung kann aufgrund ihrer guten Quelleigenschaften in diesen vielfältigen Varianten Gebäcken, aber auch Brotmischungen zugefügt werden. Wesentlich für das Gebäckergebnis bleibt, dass – ähnlich wie bei Leinsamen – die Flüssigkeitszufuhr deutlich erhöht werden muss, um die stuhlregulierende Wirkung voll auskosten zu können! Geben Sie mehr als 2 Teelöffel in den Teig, rühren Sie die Flohsamen(schalen) vorher in Flüssigkeit an. Flohsamen sind geschmacksneutral und können auch bei Stuhlunregelmäßigkeiten wieder guten Schliff in den Zölibauch bringen.

Zuckerrübenballaststoff

Das wohl-, aber nicht sehr süß schmeckende Produkt, das aus der Zuckerrübe gewonnen wird, ist von Natur aus glutenfrei. Als geruchloses Pulver oder als Flocken erhöht es das Wasserbindungsvermögen in glutenfreien Teigen und damit die Gebäckfeuchtigkeit. Das malzige Aroma passt gut zu Suppen, Getränken und Gebäcken.

BACKTRIEBMITTEL

Im normalen Lebensmittelhandel werden verschiedenste Backtriebmittel angeboten. Die meisten davon sind von Natur aus glutenfrei und können auch für die glutenfreie Bäckerei verwendet werden.

Backpulver

Backpulver ist eine Mischung aus Natron und einem Säuerungsmittel und eignet sich für alle Rührteige. Durch Wärme und Feuchtigkeit bilden sich Kohlensäurebläschen, die den Teig auflockern. Teige mit einer Mischung aus Soja- und Kichererbsenmehl sowie glutenfreier Weizenstärke profitieren von Backpulverzugaben. Teige mit Backpulver brauchen keine Ruhezeit, sie können gleich in den Backofen. Die Wärme darin gibt der Triebkraft des Backpulvers noch einmal so richtig Rückenwind.

Hefe (Bild links)

Hefe finden Sie im Kühlregal jedes Supermarkts und Discounters. Sie ist ein biologisches Triebmittel, das als Frischhefe in Würfeln (42 g) oder als Trockenhefe in Päckchen erhältlich ist. Frische Hefe riecht angenehm, weinähnlich und der Würfel ist hell. Sie sollte in Scheibchen zerfallen, wenn Sie sie mit der Hand in den Teig bröseln. Zeigt Frischhefe braune Stellen oder fühlt sie sich schmierig an, ist sie zum Backen nicht mehr geeignet. Wer den typischen Geschmack von frischer Hefe mag, kann bedenkenlos auch 10–20 g mehr davon verwenden als im Rezept steht. Frische Hefe ist nicht besonders lange haltbar, kann aber im Tiefkühlgerät über längere Zeit aufbewahrt werden. Nach dem Auftauen hat die Hefe allerdings etwa die Hälfte ihrer ursprünglichen Triebkraft eingebüßt und wird flüssig, daher benötigt der Teig dann noch 50 % Hefe-»Nachschlag«. Trockenhefe muss nach Herstellerangabe verwendet werden. In den allermeisten Fällen entsprechen zwei Tüten Trockenhefe einem Würfel Frischhefe.

Hirschhornsalz

Hirschhornsalz lockert typischerweise Weihnachtsgebäcke auf. Es ist ein chemisches Hilfsmittel, das in flachen und trockenen Gebäcken wie Lebkuchen oder anderem Weihnachtsgebäck zum Einsatz kommt. Hirschhornsalz zersetzt sich beim Lagern an der Luft. Deshalb müssen Sie es in gut geschlossenen Behältern aufbewahren und idealerweise schnell verbrauchen.

BALLASTSTOFFKONZENTRATE

In den ersten Wochen und Monaten kann die Verdauung der Zöliakiebetroffenen sich verändern. Gerade die Zugabe von isolierten Ballaststoffen in die Gebäckteige kann dann harmonisieren und sinnvoll sein.

Nüsse und Ölsaaten: Zugabe von gestiftelten, gehackten oder gemahlenen Cashewkernen, Erdmandeln, Haselnüssen, Kürbiskernen, Mandeln, Paranüssen, Pecannüssen, Sesamsamen, Sonnenblumenkernen, Walnüssen

Leinsaat: besser in Form von Leinsaatschrot und maximal 1 EL pro Tag

Apfelfaser ®: Reine Apfelfaser, die Broten eine angenehme Fruchtnote gibt

BallastoMaXX®: Glutenfreies neutrales Ballaststoffpulver für Brote und Gebäck

Optifiber®: Geschmacks-, geruchs- und farbneutrales Guarkernmehl, das besonders gut für Brote, Gebäcke und Getränke geeignet ist

Weinsteinbackpulver

Weinstein ist ein natürliches Backpulver, das Zitronen- oder Weinsäure enthält. Die Backzeit für süße Weinsteingebäcke sollte ausreichend lang sein, da es bei kurzen Backzeiten einen leicht säuerlichen Geschmack im Mund hinterlässt.

Pottasche

Pottasche lässt Weihnachtsgebäck wie Leb- und Honigkuchen »in die Luft gehen«. Und das im wahrsten Sinne des Wortes: Platzieren Sie Pottasche-Gebäcke genügend weit voneinander entfernt auf dem Blech, da sie stark aufgehen!

Backferment (Bild rechts)

Backferment entsteht auf der Basis von Bienenhonig sowie Milchsäurebakterien und Hefepilzen. Es wird als Triebmittel für Brote verwendet. Doch aufgepasst: Überwiegend ist Backferment glutenhaltig. Glutenfreies Spezial-Mais-Backferment gibt es beispielsweise von der Firma Sekowa.

KLEINE BROT- UND BACKSCHULE

»Man steht nicht einfach auf und backt glutenfrei!« Dieser weise Spruch unserer Kollegin Ellen Stemmer, die schon langjährig bei der DZG arbeitet, ist nur zu wahr.

Die Teige sehen anders aus und fühlen sich anders an als in der »herkömmlichen« Bäckerei. Grundsätzlich haben die verwendeten Grundmehle und Verdickungsmittel jeweils andere Eigenschaften. Wechseln Sie die heute vielfältig vorhandenen Mehlmischungen durch, führt das meist auch zu einem anderen Ergebnis. Gerade zu Beginn Ihrer Backerfahrungen mit glutenfreien Mischungen sollten Sie sich als Hilfestellung notieren, welche Mischung Ihren Erwartungen entsprochen hat und was Sie sich für das nächste Mal anders wünschen. Und lassen Sie sich nicht entmutigen, wenn einmal etwas misslingt. Rechts finden Sie ein paar Tipps, um mögliche Fehler, die beim Backen auftreten können, zu vermeiden. Arbeiten Sie sich langsam von Fertigbackmischungen über fertige Mehlmischungen bis zu den ersten Eigenkreationen vor. Dabei helfen Ihnen auch unsere gelingsicheren Brotrezepte ab Seite 147. Je mehr Erfahrungen Sie sammeln, desto selbstsicherer werden Sie. Denn Übung macht in der glutenfreien Bäckerei eben wirklich den Meister.

BROT GEHT NICHT GENÜGEND AUF

Teig stand zu kalt, war nicht abgedeckt; die Hefe war alt; Flüssigkeit war zu kalt, zu warm (> 35°) oder zu wenig; Teig wurde nicht lange genug geknetet; Teig länger gehen lassen oder etwas Hefe nachgeben

BROT REISST AUSEINANDER

Teig wurde nicht lange und intensiv genug geknetet oder zu kurze Gehzeit; Teigling mit seitlich angebrachten Alufoliestreifen in Form halten

BROT IST ZUSAMMENGEFALLEN

Teigling durfte zu lange gehen oder stand zu warm; Nächstes Mal das Brot in einer Form backen, nicht zu früh aus dem Ofen nehmen, evtl. Ofentemperatur im ersten Drittel der Backphase erhöhen

BROT LÄUFT FLACH AUSEINANDER

Teig ist zu weich oder zu lange gegangen; Brote in einer Form backen

PORUNG IST ZU DICHT

zu geringe Flüssigkeitszugabe; Teig länger gehen lassen; mit kohlensäurehaltigem Mineralwasser arbeiten

KRUSTE REISST AB

Zu wenig Lockerungsmittel; Teigoberfläche mit einer Gabel mehrmals einstechen; mehr Hefe zugeben; mit einer Blumenspritze Feuchtigkeit auf den Teigling sprühen

UNGLEICHMÄSSIGE PORUNG

Zu viel Flüssigkeit im Teig; zu lange Teigruhe; Teig in einer Form backen

TEIG LÄSST SICH NICHT FORMEN

Zu wenig oder zu viel Flüssigkeit im Teig; Gewollt feuchte Teige in einer Form backen

»SCHLICKSTREIFEN« (FEUCHTE MITTE)

Backofen zu früh geöffnet; zu niedrige Unterhitze; mit Ober-/Unterhitze backen

BROT BLEIBT HELL

Teig mit Traubenkernmehl oder Kakao »färben«; Gebäck mit Kondensmilch, Öl oder verquirltem Ei bestreichen

BROT IST ZU HART

Zu hohe Backtemperatur; zu lange Backzeit

BROT KRÜMELT STARK

Teig war zu fest oder die zugegebene Flüssigkeit zu heiß; Brot nach dem Backen kurz auskühlen lassen, dann einfrieren

BROT IST ZU TROCKEN

Zu wenig Flüssigkeit im Teig oder zu lange Backzeit

KÜCHENFEHLER, FINTEN UND LÖSUNGEN

Meistens sind in einer Familie nicht alle Mitglieder von der Zöliakie betroffen. Die Folge: In einer Küche wird zweigleisig gewerkelt. Worauf kommt es dabei an?

Bevor glutenfrei gebacken und gekocht werden kann, müssen Arbeitsplatz, Spül- und Wischlappen, Handtücher, aber auch sämtliche Koch- und Backutensilien sorgfältig gereinigt sein. Dies ist umso wichtiger, wenn Sie auch weiterhin parallel glutenhaltige Lebensmittel verwenden oder damit in Berührung kommen können. Schneebesen, Rühr- und Knethaken von Küchenmaschinen, Töpfe und Schüsseln bedürfen Ihrer besonderen Aufmerksamkeit.

ZUBEREITUNGSGESCHIRR

Holzkochlöffel und -brettchen sowie andere Küchengeräte aus Holz lassen sich nur schwer und unzuverlässig vom Gluten reinigen. Leichter säubern lassen sich Geschirr und Geräte aus Kunststoff. Aus Erfahrung wissen wir, dass es meist besser ist, gerade zu Beginn eine kleine Grundausstattung »glutenfrei« zu kaufen. So ersparen Sie sich Zweifel und Unwohlsein. Eine andere Idee, vor allem wenn Sie sowohl glutenfrei als auch glutenhaltig kochen und backen möchten, ist die farbliche Kennzeichnung der Küchengeräte, z. B. mit Autolack. Dieser Lack ist spülmaschinenbeständig und kennzeichnet die Gegenstände, die eindeutig für die glutenfreie Zubereitung reserviert bleiben sollen. So behalten auch Ihre Gäste, die z. B. bei Festen helfen möchten, den Überblick und die Sicherheit ist gewahrt.

DER BACKOFEN

Säubern Sie den Backofen, wenn nötig, nach jedem Gebrauch mit Spülmittellauge, eventuell auch mit einem feinen Scheuermittel und von Zeit zu Zeit mit einem Backofenreiniger. So steht dem glutenfreien Backgenuss nichts im Wege.

TIPPS UND TRICKS FÜR GLUTENFREIES BACKEN

Alle Zutaten sollten möglichst Raumtemperatur haben. Große Temperaturunterschiede nehmen glutenfreie Teigzutaten »übel«.

Die Zubereitung glutenfreier Backwerke bedeutet ein genaues Abwiegen der Zutaten. Die Flüssigkeitsangaben sind Schätzwerte und unterscheiden sich je nach verwendeter Mehlmischung oder nach den verwendeten Mehlsorten. Geben Sie bei unbekanntem Teigverhalten die Flüssigkeit nicht auf einmal, sondern nach und nach zu.

Bei der Zubereitung von Knet- und Rührteigen sollten Sie auf zu kräftiges und zu langes Kneten verzichten. Glutenfreie Stärke kann die Flüssigkeit nicht lange festhalten, somit dient das Kneten und Rühren der Teigzutaten lediglich der Vermengung. Die anschließende Teigruhe bzw. der anschließende Quellprozess ist bei der Zubereitung von glutenfreien Gebäcken viel wichtiger als bei vergleichbaren Weizengebäcken.

Glutenfreie Teige profitieren meist vom Backen mit Ober-/Unterhitze. Umluft führt zu einem trockeneren Gebäck und einem nicht ganz so gelungenem Aufgehen der empfindsamen Teige.

ZUBEREITUNGSVARIANTEN

Kochen, Dünsten, Dämpfen und Braten sind meist unproblematische Zubereitungen. Hingegen ist das Frittieren fehlerbehaftet: Hier muss auf eine sorgfältige Trennung von glutenfreier Zubereitung (Pommes) und frittierten glutenhaltigen Speisen (Paniertes, Backteige) geachtet werden. Haben Sie einmal glutenhaltige Panade in den Frittierkorb gelegt – wenn auch nur aus Versehen, sollten Sie das Öl austauschen, bevor Sie weiterfrittieren. Denn diese kleine Unachtsamkeit kann dem Bauch eines Zöliakiebetroffenen große Beschwerden bereiten. Grundsatz bleibt beim Frittieren: Immer dürfen zuerst die glutenfreien und dann die glutenhaltigen Zutaten in das heiße Öl.

SERVIEREN, AUFTRAGEN, ANRICHTEN

Brotkörbe, Butterdöschen und Marmeladengläser sind typische Stolperfallen für Zöliakiebetroffene. Eigentlich wäre es ja ganz einfach, aber im täglichen Miteinander benötigt es da stete Aufmerksamkeit. Ideal ist es, wenn Sie all diese Dinge in zweifacher Ausführung und am besten farblich gekennzeichnet zu Hause haben.

AUFBEWAHRUNG

Glutenfreies Brot trocknet zwar schneller aus, trotzdem sollte es nach dem Backen auf einem Rost mit einem Tuch zugedeckt ganz auskühlen. Dann können Sie es in einem gut verschlossenen Behälter lagern.

SO KÖNNTE ES IN IHRER KÜCHE AUSSEHEN

So trennen Sie glutenhaltige und glutenfreie Zutaten in Ihrer »Duo-Küche« so, dass sich jeder, auch Gäste, gut zurechtfinden.

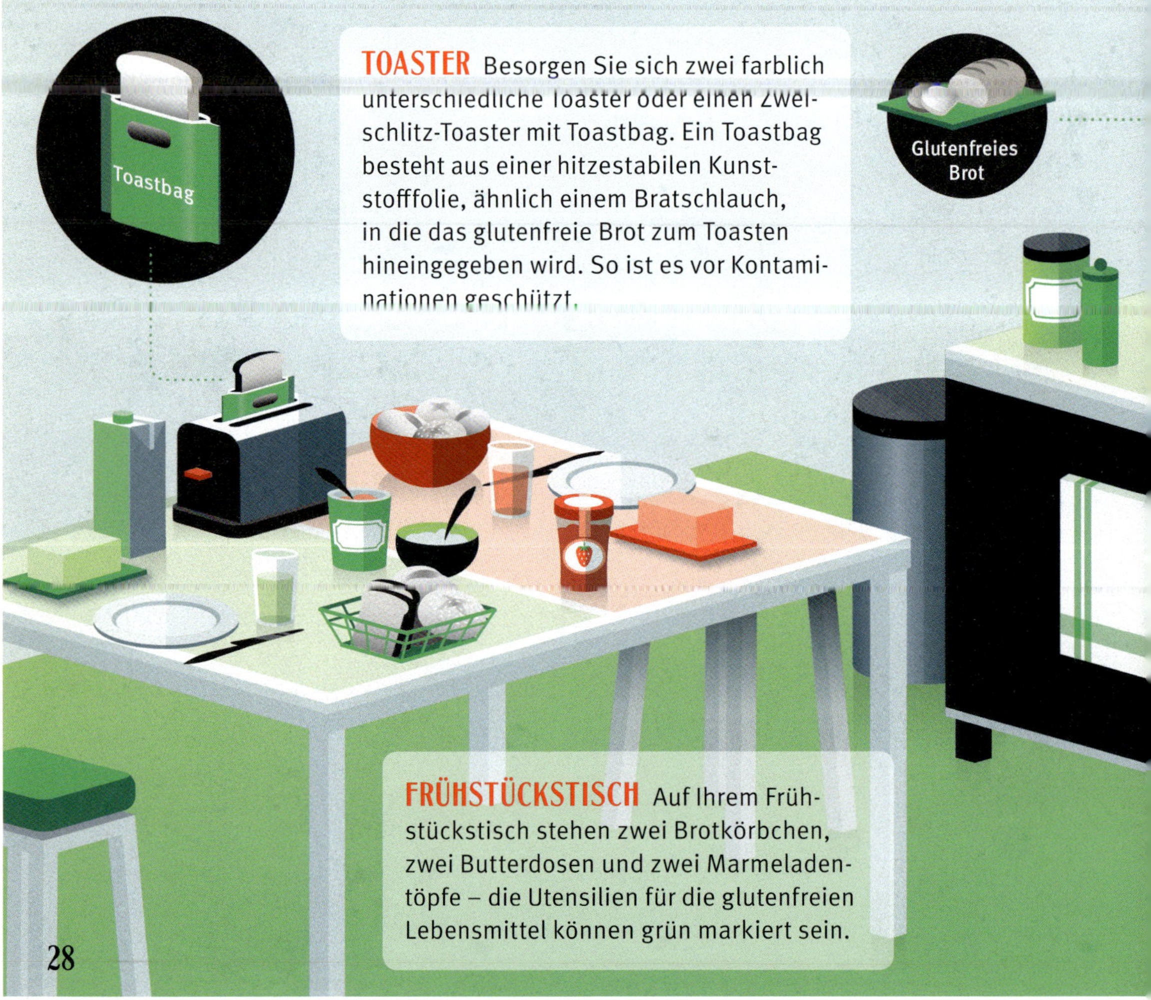

TOASTER Besorgen Sie sich zwei farblich unterschiedliche Toaster oder einen Zwei-schlitz-Toaster mit Toastbag. Ein Toastbag besteht aus einer hitzestabilen Kunststofffolie, ähnlich einem Bratschlauch, in die das glutenfreie Brot zum Toasten hineingegeben wird. So ist es vor Kontaminationen geschützt.

FRÜHSTÜCKSTISCH Auf Ihrem Frühstückstisch stehen zwei Brotkörbchen, zwei Butterdosen und zwei Marmeladentöpfe – die Utensilien für die glutenfreien Lebensmittel können grün markiert sein.

IM SCHRANK

Oben stehen die glutenfreien Mehle mit grünem Häkchensymbol, unten glutenhaltige Mehle mit rotem Stopp-Symbol – denn rieselt einmal glutenfreies Mehl aus der oberen Etage nach unten, ist das nicht schlimm, anders herum wäre es fatal. Natürlich können Sie auch andere Farben wählen, aber die Ampelfarben sind für jeden intuitiv verständlich.

AUF DER ARBEITSFLÄCHE

Trennen Sie die Arbeitsfläche in einen glutenfreien Bereich und in einen Bereich, in dem Sie glutenhaltige Lebensmittel verarbeiten wollen.

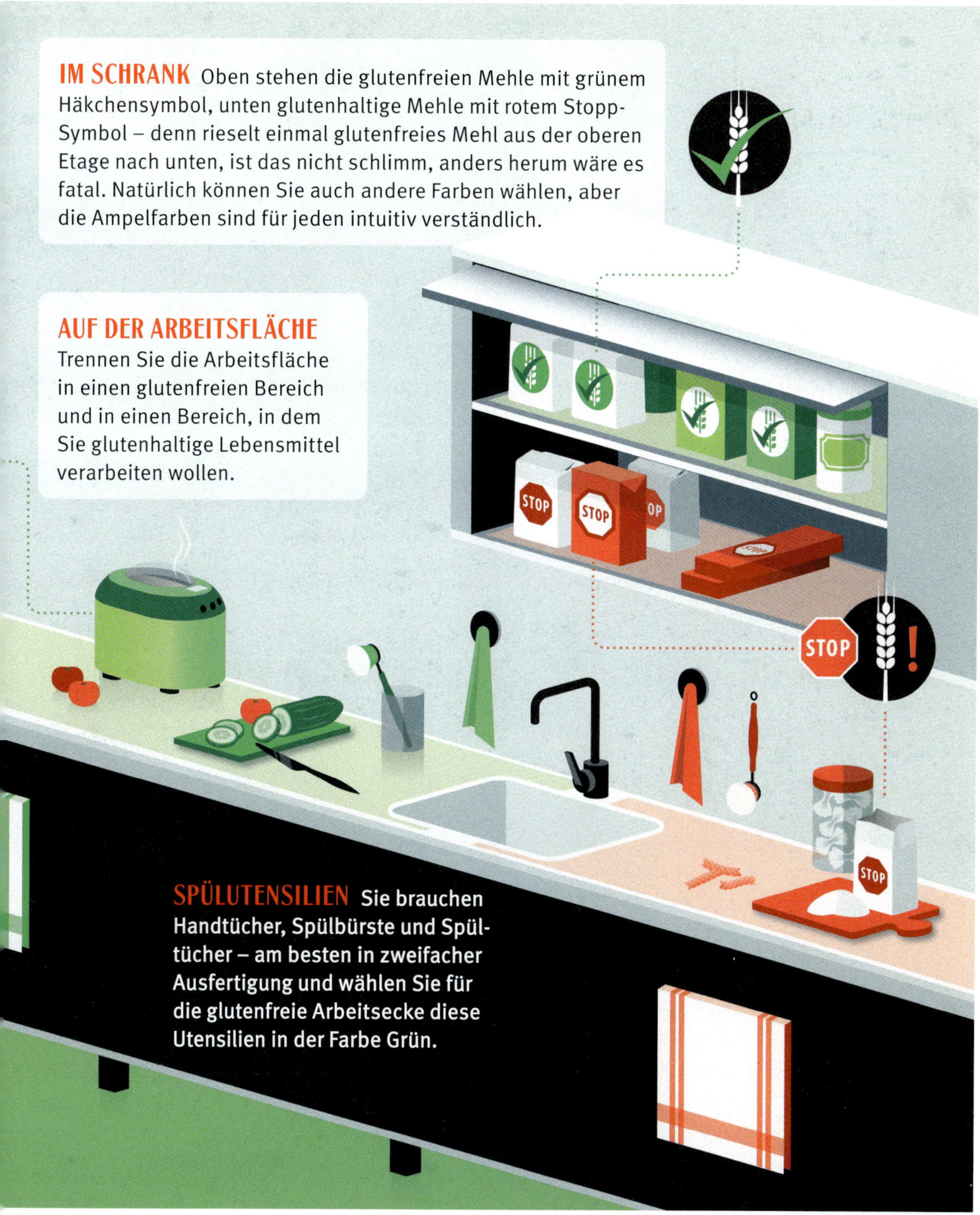

SPÜLUTENSILIEN

Sie brauchen Handtücher, Spülbürste und Spültücher – am besten in zweifacher Ausfertigung und wählen Sie für die glutenfreie Arbeitsecke diese Utensilien in der Farbe Grün.

GLUTENFREI PLUS LAKTOSE- UND FRUKTOSEREDUZIERT?

Die glutenfreie Zubereitung an sich ist schon eine Herausforderung. Muss dann noch der Verzicht auf Laktose und Fruktose aus therapeutischer Sicht sein, wird es kniffelig.

Die entzündete Darmwand eines Zöliakiebetroffenen ist oftmals nicht mehr in der Lage, Fruktose und Laktose aus dem Darm aufzunehmen, um sie ins Blut zu schleusen. Der Zucker bleibt im Dünndarm und wandert bis in den Dickdarm. Dort verstoffwechseln ihn die Darmbakterien. Im Dickdarm bilden sich zu viele Gase und Säuren, die Sie als Bauchschmerzen und Verdauungsbeschwerden wahrnehmen. Darum kann es Ihrem Wohlbefinden helfen, zunächst auf diese beiden Zuckerarten zu verzichten, bis Ihre Darmwand wieder ausreichend Darmzotten bilden konnte.

VERZICHT AUF LAKTOSE

Viele Lebensmittel sind heute durch Zusatz von Laktose, Milchpulver oder anderen Milchprodukten relativ reich an Laktose. Das kann verdauungstechnisch insbesondere zu Beginn der Diagnose, aber bei manchen Menschen genetisch bedingt auch langfristig schwierig sein. Der Verzicht auf Laktose ist abhängig von Ihrer genetisch vorbestimmten Spaltungsaktivität für diesen Zucker. Bei ca. 80 % aller Zöliakiebetroffenen stellt sich die normale Laktoseverträglichkeit nach Kostumstellung auf glutenfrei wieder ein. Die Nährstoffdeckung über Milch- und Milchprodukte ist extrem wichtig. Defizite an Vitamin D und Calcium sind – je nach Vorlauf bis zur Diagnose – dringend zu hinterfragen und gegebenenfalls auszugleichen: Joghurt, Quark und Käse bleiben wesentliche Säulen der Calcium- und Proteinversorgung. Gerade die Kombination von tierischen (wie Milch und Milchprodukten) mit pflanzlichen Proteinquellen (Mais in Tortillas, Kartoffeln, Hülsenfrüchte, Müslitaler aus Quinoa und Amaranth) ist besonders hilfreich für eine gute biologische Wertigkeit in den Mahlzeiten und damit für das persönliche Wohlbefinden. Gerichte mit Hartkäse (Appenzeller, Emmentaler, Gouda, Parmesan oder Tilsiter) aus dem Normalsortiment und die Verwendung von laktosereduzierten Milchprodukten helfen hier. Sie können diese genauso verwenden wie Milchprodukte, die Laktose enthalten. Der Verzicht auf Laktose ist meist nur zu Beginn der Diagnose notwendig.

STUFENPLAN

BLEIBEND

Glutenfreie Kost

Je nach
GENTEST

Laktoseverzehr erweitern. Nur bei genetischer Disposition bleibende Karenz

Je nach
ZOTTEN-ARCHITEKTUR

Fruktoseverzehr erweitern

VERZICHT AUF FRUKTOSE

Auch der Zucker, der in Früchten, Säften und in normalem Haushaltszucker steckt, kann kurz nach der Diagnosestellung Bauchbeschwerden verursachen. Dieser, auch in vielen Süßigkeiten vorhandene Fruchtzucker wird generell schlechter vertragen als der normale Traubenzucker (Glukose). Fruktose ist langfristig auf jeden Fall kein Problem. Sollten Sie anhaltend das Gefühl haben, (Trocken-)Obst oder Fruchtsäfte nicht zu vertragen, ist eine Überprüfung der Gesamternährung angesagt. Auf Mahlzeitengröße, Lebensmittelauswahl und Zusammenstellung sollte ein Ernährungsexperte seinen fachkundigen Blick werfen, sodass dieses Problem schnell verschwindet. Gerade am Beginn der Kostumstellung auf glutenfrei ist eine Kostgestaltung mit mehr Gemüse und eher weniger Säften und maßvollen Obstmengen hilfreich. Im Prinzip ist ein 3-Stufen-Schema (siehe Abb. links) von Vorteil. Dabei verzichtet der Zöliakiebetroffene zunächst auf Gluten, Laktose und Fruktose. Nach ca. 2–3 Wochen ergänzt er moderat fruktosehaltige Lebensmittel, um später, wenn sich die Darmzotten gut erholt haben, auch wieder laktosehaltige Lebensmittel in den glutenfreien Speiseplan aufzunehmen (außer bei genetischer Disposition).

GLUTENFREIE PLUS VEGETARISCHE ODER VEGANE KÜCHE – Nährstoffzaubereien dringend erwünscht!

Eine glutenfreie Kostgestaltung ist mit der Vielzahl an Ersatzprodukten heute kein Buch mit sieben Siegeln mehr. Allerdings müssen Sie je nach Vorlauf, d. h. je nachdem, wie lang der Weg bis zur klaren Diagnosestellung war, doch zu Beginn einiges an Nährstoffen vermehrt aufnehmen. Wenn dann der Wunsch nach einer vegetarischen oder veganen glutenfreien Ernährung aufkoimt, ist auf jeden Fall für die ersten Monate eine professionelle ernährungstherapeutische Begleitung sinnvoll. Hilfe bekommen Sie hierfür von spezialisierten Fachkräften, die Sie jederzeit u. a. beim Arbeitskreis allergologisch tätiger Ernährungsfachkräfte e. V. (www.ak-dida.de) oder alternativ beim Deutschen Allergie- und Asthmabund e. V. (www.daab.de) erfragen können.

VEGETARISCHE ERNÄHRUNG

Die glutenfreie vegetarische Ernährung ist einfach und hinsichtlich der Nährstoffbilanzierung auch keine Zauberei. Kleine Stolpersteine kann die Versorgung mit Eisen, Vitamin B12, Folsäure oder Proteinen darstellen. Sollten Ihre Eisen- und B12-Werte zum Diagnosezeitpunkt auffallend sein, nehmen Sie sich mit einer vegetarischen – und erst Recht mit einer veganen Kostgestaltung – einen Hauptnährstofflieferanten aus der Nahrung weg. Dann empfiehlt es sich auf jeden Fall, die Defizite über geeignete Medikamente aufzudosieren. Versorgen Sie Ihren Körper mit Milch und Milchprodukten, Hülsenfrüchten (2–4 Mal pro Woche) sowie Eiern gut mit Eiweiß. Insbesondere wenn Sie pflanzliche und tierische Proteinquellen auf dem Teller

kombinieren (z. B. Eier mit Kartoffeln oder Nudeln mit Hülsenfrüchten), steigt deren biologische Wertigkeit, und das Eiweiß wird für Ihren Körper besser verfügbar.

GLUTENFREI UND VEGAN!?

Bei einer veganen Ernährung ist die bedarfsdeckende Aufnahme einiger Nährstoffe deutlich schwieriger. Unbedachte Herangehensweise und nur der Verzicht auf Gluten und alle tierischen Nahrungsmittel birgt die Gefahr einer Mangelernährung. Aber gut geplant und den Erfordernissen der augenblicklichen Gesundheitssituation angepasst könnte die vegane Lebensweise einigen ernährungsbedingten Zivilisationskrankheiten ein Schnippchen schlagen ... Allerdings, so ehrlich muss man derzeit sein: Für die langfristige Bewertung einer veganen, glutenfreien Kostform liegen derzeit keine ausreichenden Untersuchungen vor.

Worauf kommt es an?

Damit kein Mangel auftritt, müssen die glutenfreien Lebensmittel günstig kombiniert werden. Üblich sinnvolle Grundlagenzubereitungen wie Seitan oder andere glutenhaltige Weizenprodukte kommen für die Rezeptgestaltung nicht in Frage, sodass das Hauptaugenmerk vor allem auf Hülsenfrüchten und Nüssen bzw. Ölsaaten liegt. Gerade in der Anfangsphase der glutenfreien Kost keine idealen Lebensmittel, da sie ein hohes Maß an Verdauungskapazitäten benötigen, und diese sind aufgrund der Darmentzündung meist noch eingeschränkt.
Den Vitaminen B2, B12 und Vitamin D, aber auch Mineralstoffen wie Eisen, Calcium, Jod und Zink muss Ihre besondere Sorgfalt gelten. Je nach Gesundheitssituation müssen Sie dem Verzicht von tierischen Proteinen mit hochwertigen pflanzlichen Eiweißquellen tagtäglich und in besonders guter Kombination entgegentreten.

Wie steht's mit Fleischersatz?

Klar gibt es auch Nachahmerprodukte von tierischen Produkten: Tofuwürstchen, »Wurstaufschnitt« aus Hülsenfrüchtemus und »Frikadellen« aus Gemüsemischungen. Diese benötigen laut der Verbraucherzentrale Hamburg zum Teil aber erhebliche Zugaben von Zusatzstoffen, um in Geschmack, Optik und Mundgefühl mit den tierischen Originalen mithalten zu können.

UNSER PERSÖNLICHES FAZIT

Deutsche Ernährungsgesellschaften bemängeln an der veganen Kostform eine unzureichende Nährstoffaufnahme und raten insbesondere bei Säuglingen, Kleinkindern, Schwangeren und Stillenden ab. Im Prinzip also bei allen Menschen mit einem erhöhten Nährstoffbedarf. Nach unserer Beratungserfahrung gehören Zöliakiebetroffene zu dieser Risikogruppe, zumindest in den ersten Jahren nach Diagnosestellung. Daher raten wir persönlich möglichst in den ersten beiden Jahren nach Diagnosestellung von einer veganen Ernährung ab.

DIESE FRAGEN HABE ICH NOCH

WIE KANN ICH MEIN LIEBLINGSREZEPT GLUTENFREI ZAUBERN?

Für den Anfang und für die ersten glutenfreien Backversuche sind die glutenfreien Mehlmischungen, möglichst erst einmal von einer Firma, eine prima Hilfe. Sie ermöglichen – je nach Wunsch – helle, dunkle, süße oder herzhafte Grundteige. Mit zunehmender Erfahrung können Sie dann die meisten Lieblingsrezepte nach Ihren persönlichen Vorlieben umarbeiten.

GLUTENFREIE GEBÄCKE WERDEN SO SCHNELL ALTBACKEN. KANN ICH DAS VERHINDERN?

Nein, leider nicht so ganz. Grundsätzlich trocknen glutenfreie Gebäcke immer schneller aus. Denn die glutenfreien Brote und Brötchen haben als Hauptbestandteil Stärke. Diese Grundsubstanz kann nur durch Zugabe von Hilfsmitteln mehr an Feuchtigkeit speichern: Maximal ein Drittel des Mehles können Sie durch Schrot aus Ölsaaten, Nüssen oder Psyllium ersetzen. Diese lassen die Teige feuchter werden, die Gebäcke gehen aber auch leider nicht mehr ganz so fluffig auf. Und noch ein Tipp: Schneiden Sie ausgekühltes, frisch gebackenes Brot in Scheiben und frieren Sie es ein. So können Sie das Brot nach Bedarf auftauen.

KANN ICH GLUTENFREIE UND GLUTENHALTIGE ZUTATEN ZUSAMMEN IN DEN BACKOFEN SCHIEBEN?

Grundsätzlich spricht erst einmal nichts dagegen. Aber Sie sollten schon Vorsicht walten lassen: Beispielsweise gehen Pottaschegebäcke zur Weihnachtszeit rasch und heftig auf, allerdings haben sie auch meist eine kurze Garzeit, sodass Sie zumindest beim Kleingebäck besser blechweise glutenfrei arbeiten sollten. Obstkuchenformen lecken gern, daher sollten glutenfreie Obstkuchen nicht unter, sondern auf jeden Fall über dem glutenhaltigen Obstkuchen eingeschoben werden.

AUS VERSEHEN IST DOCH ETWAS GLUTEN IN DIE SPEISE GEKOMMEN! KANN SIE NOCH VERZEHRT WERDEN?

Hier gibt es keine Kompromisse. Diese Speise – auch bei noch so kleinen Verunreinigungen – ist für einen Zöliakiebetroffenen nicht mehr genießbar. Diätfehler bergen das Risiko für schwerwiegende Begleiterkrankungen und sind strikt zu vermeiden.

SOLL ICH DEM BETROFFENEN SAGEN, DASS ICH MIR BEI ZWEI ZUTATEN UNSICHER BIN?

Das Schlimmste, was einem Zöliakiebetroffenen passieren kann, ist, dass er sich im Vertrauen auf Ihre Aussagen an den Tisch setzt und genießt. Wenn er erst im Nachhinein, oder schlimmer noch, gar nicht von den möglichen Glutenmengen erfährt, ist das ein Vertrauensbruch. Sprechen Sie Ihre Unsicherheit offen aus, entscheiden Sie zusammen, welche Lösung möglich ist. Lernen Sie beide aus diesem Gespräch und gehen Sie vor allem offen mit Ihren Unsicherheiten und mit Fragen um.

BACKEN MIT GLUTENFREIEN MEHLEN – ICH KANN DAS NICHT. WAS KANN ICH TUN?

Keine Sorge, das glutenfreie Backen benötigt nur etwas Übung und ein wenig theoretisches Wissen. Unsere Backvorschläge sind auch für Anfänger in der glutenfreien Küche mit Gelinggarantie. Grundregel Nummer 1: Halten Sie sich an unsere oder bei Mehlmischungen aus dem Handel stets an die Angaben. Grundregel Nummer 2: Glutenfreie Teige bedürfen einer anderen Zubereitungsweise. Gehen Sie gerade zu Beginn streng nach Rezept vor, auch wenn der Teig ganz anders aussieht, als Sie es aus der herkömmlichen Bäckerei gewohnt sind. Grundregel Nummer 3: Wenn Sie verschiedene Mehle frei mischen, experimentieren Sie vor allem mit der Wasserzugabe und mit den Bindemitteln, denn die verschiedenen Stärkemehle (Reis, Mais, Kartoffel) binden auch unterschiedlich viel Flüssigkeit.

MUSS ICH AUCH BEIM KAUF VON GETRÄNKEN AUF EINEM BIERFEST VORSICHTIG SEIN?

Durch viel Hektik und das meist unwissende Personal ist es auf großen Festen sicherer, Getränke aus Flaschen zu bestellen und auch daraus zu trinken.

DARF DAS GESCHIRR ZUSAMMEN IN DIE SPÜLMASCHINE?

Ja, kein Problem. Die heutigen Spülmaschinen und Reiniger stellen durch mehrfachen Wasserwechsel und die Spültechnik eine einwandfreie Sauberkeit des Geschirrs sicher. Bedenkenlos können sowohl Frühstücksteller mit glutenhaltigen Krümeln, genauso wie Nudelteller zusammen mit dem benutzten glutenfreien Geschirr in einem Maschinengang gereinigt werden.

HABE ICH GAR KEINE ZÖLIAKIE? Glutenbelastung ohne Folgen!

Bevor Sie überhaupt daran denken, Gluten in die tägliche Ernährung aufzunehmen, muss zweifelsfrei erwiesen sein, dass Ihre Zöliakie nicht korrekt gesichert ist!

Das kontrollieren Fachleute so:

1. Zum Zeitpunkt Ihrer Erstdiagnose haben Sie eine glutenhaltige Kost für mindestens drei bis sechs Monate dauerhaft durchgeführt. Low-carb und haferbevorzugende Ernährungsweisen ohne Brot sollten kritisch hinterfragt werden, ob tatsächlich genügend Gluten in den Speisen enthalten war.

2. Die Laborergebnisse für die Transglutaminase-IgA-Antikörper waren unter dieser glutenhaltigen Kost deutlichst erhöht.

a. Achtung: Hier gibt es Spezialformen, z. B. wenn Begleiterkrankungen vorliegen, die Sie in allen Zweifelsfällen von kundigen Ärzten und Ernährungstherapeuten interpretieren und bearbeiten lassen sollten.

b. Erhöhte IgG-Werte auf Weizen und andere glutenhaltige Nahrungsmittel (meist sogenannte IgG-Gliadin-Werte in einem Bluttest) sichern eine Zöliakie nicht ab.

c. Ein IgA-Mangel muss ausgeschlossen sein, da ansonsten die Transglutaminase-IgA-Antikörper nicht als zuverlässiger Marker dienen können.

3. Eine Biopsie mit fünf bis sieben Proben während der Einhaltung einer glutenhaltigen Ernährung im Rahmen einer Magenspiegelung hat einen eindeutigen Befund ergeben: Sie zeigte mindestens einen sogenannten Marsh II im histologischen Befund. Das ist das Maß für die Anzahl von Entzündungszellen und Auffälligkeiten im Aufbau der Dünndarmzotten.

GLUTENBELASTUNG JA ODER NEIN?

Wenn die oben genannten Aussagen nicht gesichert sind, ist auch die Diagnose einer Zöliakie nicht gesichert! Die gängigen Leitlinien empfehlen hier keine glutenfreie Kost, sondern den zweifelsfreien Nachweis bzw. Ausschluss dieser Krankheit, und diese sind nur unter glutenhaltiger Kost möglich! Ihr Arzt bzw. Ernährungstherapeut wird Ihnen also eine Glutenbelastung zur eindeutigen Diagnose empfehlen. Dabei ist es nicht wichtig, möglichst viel an Nudeln, Brot und Kuchen aus Gluten in kurzer Zeit zu verzehren. Nein, es geht darum, über einen Zeitraum von drei bis sechs Monaten eine kleine aber stetige Zufuhr an Gluten in der täglichen Nahrung zu gewährleisten. Kontrollen der Laborwerte zu Beginn und zum Ende dieser diätetischen Phase sind

Pflicht und können Aufschluss über die Ursache Ihrer Beschwerden geben.

GLUTEN JA, BAUCHSCHMERZEN NEIN!

Um die Diagnose Zöliakie eindeutig zu sichern, ist der beste Weg, den Speiseplan mit täglich drei kleinen Glutenmengen zu gestalten. Lassen Sie sich von einer versierten ernährungstherapeutischen Fachkraft beraten. Adressen finden Sie im Internet unter: www.ak-dida.de oder informieren Sie sich unter www.daab.de.

Um den verdauungsgestressten Bauch nicht mit Vollkorn und zu vielen verdauungsirritierenden Lebensmitteln zu quälen, ist Achtsamkeit in der Kostgestaltung heutzutage das Wichtigste. Eine Glutenbelastung kann sich an den Mahlzeitenvorschlägen in der Grafik oben orientieren. Lassen Sie dabei die Finger von groben Vollkornprodukten, schweren Hefeteigen, sogenannten Eiweißbroten, grobem Frischkornmüsli sowie generell sehr üppigen Brot-, Nudel-, Kuchen- oder Keksportionen.

GLUTENFREI

genießen

Es erwarten Sie viele erprobte, sowohl einfache als auch anspruchsvolle Rezepte für alle Mahlzeiten des Tages: vom Frühstück bis zum Abendessen, vom kleinen Snack bis zur Festtagstorte – garantiert glutenfrei. Unser Augenmerk lag vor allem darauf, Ihnen das »Hineinwachsen« in den glutenfreien Alltag so leicht wie möglich zu machen. Rezepte, die Sie schnell und einfach immer wieder abwandeln können, tragen dazu bei. Speziell für Oma, Opa, Freunde und Bekannte, die Ihnen eine Freude machen möchten, sind viele Rezepte ohne »Spezialzutaten« enthalten. Wir wünschen Ihnen viel Spaß und gutes Gelingen bei Ihrem Weg vom »Neuling« zum versierten Profi.

Exotische SCHLEMMERPFANNKUCHEN

1 kg exotische Früchte (z. B. Mango, Ananas, Papaya)
2 EL Buchweizenmehl
2 EL Maismehl
2 Eier
Salz
150–200 ml Milch
1 Bio-Apfel
300 g körniger Frischkäse
2 TL Honig
2 TL weiche Butter
1 TL Zimtpulver

Für 4 Personen
20 Min. Zubereitung
30 Min. Quellen

Nährwert pro Portion:

- ca. 305 kcal
- 16 g Eiweiß
- 11 g Fett
- 35 g Kohlenhydrate

1 Das Obst schälen, putzen und anschließend in mundgerechte Stücke schneiden.

2 Für die Pfannkuchen die beiden Mehle mit den Eiern, 1 Prise Salz und der Milch mit dem Schneebesen zu einem glatten Teig verrühren. Den Teig ca. 30 Min. quellen lassen.

3 Den Apfel waschen, vierteln, vom Kerngehäuse befreien und fein reiben. Den geriebenen Apfel unter den Frischkäse rühren und die Mischung mit Honig süßen.

4 Eine beschichtete Pfanne mit Butter auspinseln und warm werden lassen. Ein Viertel des Teigs in die Pfanne gießen und durch Schwenken am Pfannenboden verteilen. Den Pfannkuchen bei mittlerer Hitze in ca. 3 Min. von beiden Seiten goldbraun backen. Herausnehmen und warm stellen.

5 Nacheinander auf die gleiche Art und Weise vier Pfannkuchen backen. Diese mit dem Frischkäse und den Früchten füllen und mit Zimt bestreut servieren.

TIPP:

Wenn es schnell gehen soll, dann lassen Sie 600 g exotische TK-Früchte über Nacht in einem Sieb auftauen und füllen Sie die Pfannkuchen damit.

VITALSTOFFREICHER
FITMACHER

NATURREIS-PORRIDGE

mit Banane

1 Tasse Vollkornreis
½ TL abgeriebene Bio-Zitronen- oder -Orangenschale
450 ml Milch
6 Blätter Zitronenmelisse
1 EL Honig
1 Msp. gemahlener Kardamom
1 TL Zimtpulver
1–2 Bananen oder Bio-Äpfel
1 EL Kokoschips

Für 2 Personen
1 Std. Zubereitung
12 Std. Ruhen

Nährwert pro Portion:

- ca. 480 kcal
- 13 g Eiweiß
- 12 g Fett
- 78 g Kohlenhydrate

1 Am Vortag 1,5 Tassen Wasser aufkochen und den Reis hineingeben. Zitronen- oder Orangenschale zugeben. Die Mischung noch einmal aufkochen und zugedeckt bei schwacher Hitze ca. 45 Min. köcheln lassen, bis der Reis das Wasser vollständig aufgenommen hat.

2 Am nächsten Morgen die Milch mit dem gequollenen Vollkornreis in einen Topf geben, zum Kochen bringen und die Mischung unter ständigem Rühren bei schwacher Hitze in 5–6 Min. cremig kochen.

3 Die Zitronenmelisse waschen, trocken tupfen und die Blättchen abzupfen. Honig, Kardamom und Zimt unter den Reis rühren und diesen weitere 3 Min. sanft kochen lassen.

4 Die Bananen schälen und klein schneiden. Wenn Sie lieber Äpfel verwenden, dann diese waschen, vierteln, vom Kerngehäuse befreien und klein schneiden. Das vorbereitete Obst unter den Porridge heben. Diesen auf zwei Müslischalen verteilen, mit Kokoschips bestreuen, mit der Melisse garnieren und sofort servieren.

WÄRMT VON INNEN

MACHT SATT
UND LIEFERT
POWER

REISNOCKERL mit Erdbeersauce

Für die Nockerl:
1 Vanilleschote
500 ml Milch
2 EL Zucker
125 g Rundkornreis
100 g Quark (20 % Fett)
Für die Sauce:
500 g Erdbeeren
1 EL Puderzucker
2 EL Orangensaft
Außerdem:
8 Blättchen Zitronenmelisse für die Deko

Für 4 Personen
1 Std. Zubereitung
12 Std. Ruhen

Nährwert pro Portion:

- ca. 290 kcal
- 11 g Eiweiß
- 7 g Fett
- 45 g Kohlenhydrate

1 Am Vorabend die Vanilleschote mit einem spitzen, scharfen Messer längs aufschlitzen, das Mark herauskratzen, Mark und Schote mit der Milch und dem Zucker in einen Topf geben und aufkochen. Den Reis zugeben und bei schwacher Hitze zugedeckt ca. 40 Min. ausquellen lassen, dann über Nacht kalt stellen.

2 Am nächsten Morgen für die Sauce die Erdbeeren waschen, von den Blütenansätzen befreien und mit dem Puderzucker und dem Orangensaft pürieren.

3 Den Quark unter den kalten Reis rühren. Die Erdbeersauce auf vier Teller verteilen. Den Reis mit zwei Esslöffeln zu Nocken formen und auf die Sauce setzen. Die Nocken mit der Zitronenmelisse garnieren und servieren.

TIPP:

Gerade keine Erdbeersaison? Dann verwenden Sie aufgetaute, ungezuckerte TK-Erdbeeren für die Sauce.

APFELBROT

mit Sanddorn-Quark-Dip

500 g Bio-Äpfel
100 g Zucker
150 g gemahlene Mandeln
50 g gemischte Ölsaaten (z. B. Leinsamen, Kürbis- und Sonnenblumenkerne)
200 g helle Mehlmischung **(siehe Seite 146)**
1 Pck. Backpulver
1 Msp. Natron
1 TL Kakaopulver
1 TL Zimtpulver
Butter für die Form
200 g Magerquark
2 EL Sahne | 1 TL Honig
3 EL Sanddornsaft
gehackte Pistazien

Für 1 Kastenform mit 25 cm (ergibt 4 Portionen)
15 Min. Zubereitung
12 Std. Ruhen
1 Std. 15 Min. Backen

1 Für das Apfelbrot die Äpfel waschen, vierteln und vom Kerngehäuse befreien. Apfelviertel mit dem Gemüsehobel sehr fein hobeln und mit dem Zucker bestreuen. Über Nacht abgedeckt ziehen lassen.

2 Am nächsten Morgen den Backofen auf 175° vorheizen und die Kastenform gut einfetten. Die Äpfel mit Mandeln, Ölsaaten, Mehl, Backpulver, Natron, Kakao und Zimt von Hand zu einem homogenen Teig kneten. In die Form füllen und im heißen Ofen (Mitte) 1 Std. 15 Min. backen.

3 Für den Dip den Quark zuerst mit der Sahne und dem Honig verrühren, dann den Sanddornsaft gut untermischen.

4 Das Brot etwas auskühlen lassen. Lauwarm anschneiden und den Dip auf die Scheiben streichen. Die Brote mit Pistazien bestreuen und servieren.

Nährwert pro Portion:

- ca. 690 kcal
- 23 g Eiweiß
- 32 g Fett
- 73 g Kohlenhydrate

EINE WAHRE
VITAMIN-C-
»BOMBE«

Gesprenkelter POWERDRINK

1 Banane | 200 g Joghurt | 60 ml Milch | 2 TL Kakaopulver | 1 EL Chia-Samen | 1 TL Schokoraspel
Für 2 Personen | 5 Min. Zubereitung | 15 Min. Ruhen

1 Banane schälen, in Scheiben schneiden und mit Joghurt und Milch in einem hohen Mixbecher mit dem Stabmixer pürieren.

2 Die Hälfte der Mischung in zwei Gläser füllen und gut mit dem Kakao und den Chia-Samen verrühren.

3 Schokoraspel unter die restliche Joghurtmischung rühren und langsam auf die Mischung in den Gläsern laufen lassen. Drinks vor dem Servieren 15 Min. ziehen lassen, damit die Chia-Samen quellen können.

TIPP:

Chia-Samen sind reich an Omega-3-Fettsäuren, Proteinen, Vitaminen und Antioxidantien. Mit Flüssigkeit vermischt quellen sie ähnlich wie Leinsamen und entfalten ihre verdauungsfördernde Wirkung.

Nährwert pro Portion:

ca. 180 kcal	7 g Fett
6 g Eiweiß	21 g Kohlenhydrate

MANGO-CASHEW-DRINK

100 g Cashewkerne | 1 Mango |
ca. 500 ml Milch, Sojadrink oder Reisdrink
Für 2 Personen | 35 Min. Zubereitung |
12 Std. Einweichen

1 Am Vorabend die Cashewkerne mit reichlich kaltem Wasser in eine Schüssel geben und über Nacht einweichen.

2 Morgens die Cashewkerne durch ein Sieb abgießen, mit 500 ml frischem kalten Wasser in einen hohen Mixbecher geben, mit dem Stabmixer fein pürieren und durch ein Haarsieb passieren.

3 Die Mango schälen, das Fruchtfleisch vom Stein schneiden, mit den passierten Cashewkernen zurück in den Mixbecher geben und beides sehr fein vermixen.

4 Das Püree mit Milch, Sojadrink oder Reisdrink verrühren, bis die gewünschte Konsistenz erreicht ist. Den Drink auf zwei Gläser verteilen und servieren.

Nährwert pro Portion:

ca. 505 kcal	30 g Fett
17 g Eiweiß	40 g Kohlenhydrate

HIRSE-KOKOS-MÜSLI

150 g Ananas | 1 EL Kokosraspel | 4 EL Hirseflocken | 200 g Joghurt | flüssiger Honig oder Zucker nach Geschmack
Für 1 Portion | 15 Min. Zubereitung

1 Die Ananas schälen, dabei die Augen mit entfernen. Den harten Strunk in der Mitte herausschneiden und das Ananasfruchtfleisch klein würfeln.

2 Die Ananaswürfel mit den Kokosraspeln und den Hirseflocken in einer kleinen Schüssel miteinander mischen.

3 Den Joghurt nach Geschmack mit Honig oder Zucker süßen, gut verrühren, über die Ananas-Flocken-Mischung geben und das Hirse-Kokos-Müsli genießen.

Nährwert pro Portion:

ca. 375 kcal	15 g Fett
11 g Eiweiß	46 g Kohlenhydrate

SPROSSENMÜSLI

6 EL rote Quinoasamen | 2 EL Sonnenblumenkerne | 1 Bio-Apfel | 1 Möhre | 1 EL Zitronensaft | 250 g Joghurt | 1 TL Honig | 4 Blättchen Zitronenmelisse
Für 2 Personen | 15 Min. Zubereitung | 6 Std. Quellen | ca. 7 Tage Keimen

1 Quinoasamen und Sonnenblumenkerne jeweils in ein Keimglas mit Siebdeckel geben, mit der vier- bis fünffachen Menge kaltem Wasser bedecken und anschließend ca. 6 Std. quellen lassen.

2 Das Wasser abgießen und die Samen zwei- bis dreimal mit kaltem Wasser spülen. Quinoa 6–7 Tage, Sonnenblumenkerne 2–8 Tage keimen lassen, dabei zweimal täglich mit lauwarmem Wasser spülen und durch den Deckel abtropfen lassen.

3 Dann den Apfel waschen, vierteln, vom Kerngehäuse befreien, die Möhre schälen und putzen und beides fein reiben. Die Raspel mit Zitronensaft übergießen. Den Joghurt mit dem Honig süßen und über die Apfel-Möhren-Mischung geben. Die Sprossen darauf verteilen. Das Müsli mit Zitronenmelisse garnieren und servieren.

Nährwert pro Portion:

ca. 330 kcal	14 g Fett
12 g Eiweiß	37 g Kohlenhydrate

Herzhaftes MÜSLI

45 g Emmentaler Käse | 200 g Dickmilch | 6 EL glutenfreie Flocken (z. B. Hirse, Reis oder Quinoa) | ½ TL Flohsamenschalen | 150 g Bio-Gurke | Salz | Pfeffer | 1 Msp. edelsüßes Paprikapulver | 4 Radieschen | ½ Bund Schnittlauch

Für 2 Personen | 15 Min. Zubereitung

1 Den Käse grob raspeln. Dickmilch, Flocken, Flohsamenschalen und den geriebenen Käse in einer Schüssel mischen.

2 Die Gurke waschen, putzen, auf der Gemüsereibe grob raspeln und unter die Flockenmasse heben.

3 Das Müsli mit Salz, Pfeffer und Paprikapulver pikant abschmecken.

4 Die Radieschen waschen, putzen und in dünne Scheiben schneiden. Den Schnittlauch kalt abbrausen, trocken schütteln und in feine Röllchen schneiden.

5 Das Müsli auf zwei Schalen verteilen, mit Radieschenscheiben garnieren, mit Schnittlauchröllchen bestreuen und servieren.

Nährwert pro Portion:

ca. 265 kcal	12 g Fett
13 g Eiweiß	26 g Kohlenhydrate

ZUCCHINICREME

½ Bio-Limette | 1 Knoblauchzehe | 250 g Zucchini | 1 EL Olivenöl | Pfeffer | Salz | 1 kleine Msp. Chilipulver | 1 Msp. gemahlener Kreuzkümmel | 75 g Schafskäse (Feta) | 4 schwarze Oliven

Für 2 Personen | 25 Min. Zubereitung

1 Die Schale der Limettenhälfte abreiben und die Frucht auspressen. Den Knoblauch schälen und durch die Presse drücken.

2 Die Zucchini waschen, putzen, grob würfeln und mit wenig Wasser in einem Topf zum Kochen bringen. Die Zucchiniwürfel zugedeckt in ca. 5 Min. bei mittlerer Hitze weich kochen, anschließend durch ein Sieb abgießen und mit Olivenöl, Limettenschale und -saft in einen Mixbecher geben.

3 Die Zucchinimischung mit dem Stabmixer fein pürieren und mit Pfeffer, Salz, Chili, Kreuzkümmel und Knoblauch würzen. Die Creme in eine Servierschüssel umfüllen.

4 Den Schafskäse mit einer Gabel zerbröckeln und unter die Zucchinicreme rühren. Diese mit schwarzen Oliven garnieren und zu glutenfreiem Brot servieren.

Nährwert pro Portion:

ca. 170 kcal	14 g Fett
8 g Eiweiß	3 g Kohlenhydrate

MÖHREN-NUSS-MUS

20 g Walnusskerne | 100 g Möhren | ½ Knoblauchzehe | 1 TL Öl | 1 TL Honig | Salz | 1 kleine Msp. Chilipulver | 1 Msp. gemahlener Kreuzkümmel | 1 Spritzer Zitronensaft | ½ TL gehackte Petersilie

Für 2 Personen | 20 Min. Zubereitung | 24 Std. Ruhen

1 Die Walnusskerne grob hacken. Die Möhren schälen, putzen und in Scheiben hobeln. Die Knoblauchzehe schälen und grob hacken.

2 Das Öl in einem Topf erhitzen und die Möhrenscheiben, Walnuss- und Knoblauchstücke darin zugedeckt ca. 8 Min. bei mittlerer Hitze dünsten, bis die Möhren weich sind.

3 Die Möhren-Nuss-Mischung mit Honig, Salz, Chili, Kreuzkümmel und Zitronensaft abschmecken, in einen hohen Mixbecher geben und mit dem Stabmixer fein pürieren.

4 Das Möhren-Nuss-Mus in ein sauberes Twist-off-Glas abfüllen und vor dem Servieren 1 Tag ziehen lassen. Mit Petersilie bestreut servieren.

TIPP:

Schmeckt gut zu Pellkartoffeln, Toastbrot oder Ciabatta.

Nährwert pro Portion:

ca. 115 kcal	9 g Fett
2 g Eiweiß	7 g Kohlenhydrate

AVOCADOCREME mit Kresse

1 Avocado | Saft und abgeriebene Schale von 1 kleinen Bio-Limette | Salz | schwarzer Pfeffer | ½ Beet Kresse
Für 2 Personen | 15 Min. Zubereitung

1 Die Avocado längs halbieren, den Stein entfernen, das Fruchtfleisch mit einem Löffel aus der Schale heben, dieses grob würfeln und in eine kleine Schüssel geben.

2 1 EL Limettensaft und etwas Limettenschale zufügen. Das Avocadofruchtfleisch mit einer Gabel fein zerdrücken.

3 Die Creme mit Salz, Pfeffer und Limettensaft abschmecken, in eine Servierschale umfüllen und mit der Kresse bestreut zu glutenfreiem Brot servieren.

TIPP:

Wer es gerne fruchtig mag, kann ½ filetierte Orange unter die Masse ziehen. Für eine herzhafte Abwechslung sorgt ½ gelbe, fein gewürfelte Paprikaschote in der Creme.

Nährwert pro Portion:

ca. 260 kcal	27 g Fett
2 g Eiweiß	1 g Kohlenhydrate

Rote LINSENCREME

40 g rote Linsen | 75 ml glutenfreie Instant-Gemüsebrühe (siehe Seite 91) | 1 TL gehacktes Bohnenkraut (frisch oder getrocknet) | 50 g griechischer Joghurt (10 % Fett) | 1 TL Sahne | 1 Msp. Tomatenmark | Salz | 1 Msp. gemahlener Kreuzkümmel | frisch geriebene Muskatnuss
Für 2 Personen | 25 Min. Zubereitung

1 Die Linsen mit der Gemüsebrühe und dem Bohnenkraut in einen kleinen Topf geben und aufkochen lassen. Die Linsen zuerst zugedeckt bei schwacher Hitze 15 Min. ziehen, dann etwas abkühlen lassen.

2 Die Linsen samt Kochflüssigkeit in einen hohen Mixbecher geben und mit dem Stabmixer cremig pürieren. Joghurt, Sahne und Tomatenmark unter das Linsenpüree rühren.

3 Die Creme mit Salz, Kreuzkümmel sowie 1 Prise frisch geriebener Muskatnuss abschmecken, in eine Servierschale umfüllen und zum Beispiel mit Möhren- und Paprikastreifen zum Dippen servieren.

Nährwert pro Portion:

ca. 110 kcal	4 g Fett
6 g Eiweiß	13 g Kohlenhydrate

Rustikaler ERBSENAUFSTRICH

125 g grüne Erbsen (aus der Dose) | 1 kleine rote Zwiebel | 50 g getrocknete Softtomaten | 1 TL Öl | 1 TL glutenfreie gekörnte Gemüsebrühe (siehe Seite 91) | Salz
Für 2 Personen | 20 Min. Zubereitung

1 Die Erbsen in ein Sieb abgießen. Die Zwiebel schälen und würfeln. Die Softtomaten grob hacken.

2 Das Öl in einem kleinen Topf erhitzen und die Zwiebel darin bei mittlerer Hitze glasig dünsten. Die Tomaten, 25 ml Wasser und die Gemüsebrühe zugeben und alles bei mittlerer Hitze offen ca. 5 Min. kochen lassen.

3 Die Mischung mit den Erbsen in einen hohen Mixbecher geben und mit dem Stabmixer fein pürieren.

4 Bei Bedarf noch etwas Wasser zugeben, den Aufstrich mit Salz abschmecken und bis zum Servieren in den Kühlschrank stellen. Schmeckt gut zu unserem deftigen Kartoffelbrot von Seite 153.

Nährwert pro Portion:

ca. 85 kcal	4 g Fett
2 g Eiweiß	4 g Kohlenhydrate

RUCOLAPASTE

1 Bund Rucola | 50 g getrocknete, in Öl eingelegte Tomaten | ½ eingelegte grüne Peperoni | 25 g Pinienkerne | 1 EL Olivenöl | Salz

Für 2 Personen | 30 Min. Zubereitung

1 Den Rucola verlesen, von den groben Stielen befreien, waschen, trocken schleudern und die Blätter grob hacken. Die Tomaten abtropfen lassen und fein würfeln. Peperoni in Ringe schneiden.

2 Getrocknete Tomaten, Rucola und Peperoniringe mit den Pinienkernen und dem Olivenöl in einen hohen Mixbecher geben und mit dem Stabmixer fein pürieren. Die Paste mit Salz abschmecken und als Aufstrich mit glutenfreiem Brot servieren.

TIPP:

Die Paste eignet sich auch prima für einen Nudelsalat zum Mitnehmen: Dazu für 1 Person die Hälfte der Rucolapaste mit 200 g gekochten glutenfreien Nudeln (evtl. Reste vom Vortag), 4–5 in Scheiben geschnittenen schwarzen Oliven, ½ geputzten, gewaschenen und gewürfelten gelben Paprikaschote, 4 halbierten Cherrytomaten sowie 50 g zerbröckeltem Schafskäse (Feta) in einer dicht schließenden Dose mischen.

Nährwert pro Portion:

ca. 255 kcal	25 g Fett
3 g Eiweiß	4 g Kohlenhydrate

FORELLENAUFSTRICH

200 g geräuchertes Forellenfilet | 1 Tomate | 50 g Schmand | ½ Bund Kerbel (ersatzweise Petersilie oder Dill) | 2 TL Zitronensaft | Salz | Pfeffer

Für 4 Personen | 25 Min. Zubereitung

1 Das Forellenfilet von der Haut und allen Gräten befreien und in Stücke zupfen. Die Tomate waschen, den Stielansatz entfernen und das Fruchtfleisch fein würfeln.

2 Forellenfilet, Tomate und Schmand in einen hohen Mixbecher geben und mit dem Stabmixer pürieren.

3 Den Kerbel kalt abbrausen, trocken schütteln, die Blättchen von den Stielen zupfen und diese fein hacken.

4 Den Kerbel unter die Forellencreme heben, diese mit Zitronensaft, Salz und Pfeffer abschmecken und beispielsweise mit dem Ciabatta von Seite 147 servieren.

Nährwert pro Portion:

ca. 93 kcal	5 g Fett
11 g Eiweiß	1 g Kohlenhydrate

Pikanter KÄSEKUCHEN

200 g dunkle Mehlmischung (siehe Seite 146)
100 g frisch geriebener Edamer Käse
150 g saure Sahne (10 % Fett)
1 TL Rapsöl
Salz
1 Bund Frühlingszwiebeln
1 Bund Schnittlauch
1 Bund Petersilie
500 g Magerquark
200 g Ricotta
3 Eier
Pfeffer

Außerdem:
Butter für die Form

für 1 Springform von 26 cm Ø (ergibt 12 Stücke)
45 Min. Zubereitung
1 Std. Backen

Nährwert pro Stück:

- ca. 190 kcal
- 12 g Eiweiß
- 9 g Fett
- 14 g Kohlenhydrate

1 Mehlmischung, 50 g Edamer, saure Sahne, Rapsöl und 1 Prise Salz rasch mit den Knethaken des Handrührgeräts verkneten. Die Form fetten, den Teig in die Form geben und an Boden und Rand mit bemehlten Handen gleichmäßig dick andrücken; kalt stellen.

2 Den Backofen auf 180° vorheizen. Die Frühlingszwiebeln waschen, putzen, in feine Ringe schneiden und in einer beschichteten Pfanne ohne Fett ca. 2 Min. anbraten.

3 Petersilie und Schnittlauch kalt abbrausen und trocken schütteln. Von der Petersilie die Blättchen abzupfen und fein hacken. Den Schnittlauch mit einer Schere in feine Röllchen schneiden.

4 Den Quark mit Ricotta und Eiern in eine Schüssel geben und glatt miteinander verrühren. Frühlingszwiebeln, Kräuter und restlichen Käse untermischen. Die Quarkmasse salzen und pfeffern, auf dem Teig verteilen und den pikanten Käsekuchen im Backofen (Mitte) ca. 1 Std. backen.

TIPP:

Schmeckt warm und kalt lecker zu einem mit Essig und Öl angemachten Blattsalat.

CALCIUM-
UND EIWEISS-
REICH

OMEGA-3-
FETTE LECKER
VERPACKT

BUCHWEIZENPFANNKUCHEN

mit Frischkäse-Lachs-Füllung

Für den Teig:
180 g Buchweizenmehl
350 ml Milch
3 Eier
Salz
Für die Füllung:
1 EL mittelscharfer Senf
1 EL Honig
Pfeffer
1 Stängel Dill
12 Blätter Friséesalat
150 g Frischkäse
12 Scheiben Räucherlachs (ca. 200 g)
Außerdem:
4 TL Öl zum Braten

Für 12 Stück
1 Std. 15 Min. Zubereitung

Nährwert pro Stück:

- ca. 180 kcal
- 11 g Eiweiß
- 9 g Fett
- 14 g Kohlenhydrate

1 Für den Teig Buchweizenmehl in eine Rührschüssel geben und in die Mitte eine Vertiefung drücken. Milch, Eier und ½ TL Salz in die Vertiefung geben und alle Zutaten mit dem Schneebesen zu einem glatten Teig verrühren. Den Teig ca. 30 Min. quellen lassen.

2 Inzwischen für die Füllung Senf und Honig glatt rühren und mit Pfeffer abschmecken. Den Dill kalt abbrausen, trocken schütteln, die Blättchen abzupfen, fein hacken und in die Sauce rühren. Den Salat putzen und waschen, gut abtropfen lassen und klein schneiden.

3 Eine Pfanne mit 18–20 cm Ø erhitzen und mit Öl auspinseln, eine kleine Schöpfkelle Teig in die Pfanne geben und durch Schwenken am Pfannenboden verteilen. Den Pfannkuchen bei mittlerer Hitze in 2–3 Min. von jeder Seite goldbraun backen und aus der Pfanne nehmen. Auf die gleiche Art und Weise elf weitere Pfannkuchen backen.

4 Jeden Pfannkuchen zuerst mit ca. 1 EL Frischkäse bestreichen, dann mit 1 Scheibe Lachs sowie 1 kleingeschnittenen Salatblatt belegen und mit der Senfsauce beträufeln, dabei rundherum einen 2 cm breiten Rand frei lassen. Die Seiten der Pfannkuchen leicht über die Füllung schlagen, die Pfannkuchen von unten nach oben fest einrollen und schräg halbieren. Jeden Pfannkuchen zur Hälfte in Pergamentpapier einwickeln und mit Küchengarn zusammenbinden.

HERZGESUNDER
GAUMEN-
SCHMEICHLER

LACHS-TATAR mit Limettencreme

150 g Lachsfilet
(ohne Haut und Gräten)
150 g Räucherlachs
1 Frühlingszwiebel
1 Knoblauchzehe
½ Bio-Limette
½ TL Honig
1 EL Olivenöl
Salz
weißer Pfeffer aus der Mühle
75 g Crème fraîche
½ Beet Kresse
Außerdem:
1 Metallring (6–8 cm Ø)
Öl für den Ring

Für 2 Personen
30 Min. Zubereitung

Nährwert pro Portion:

- ca. 615 kcal
- 37 g Eiweiß
- 50 g Fett
- 4 g Kohlenhydrate

1 Die beiden Lachssorten fein würfeln, in eine Schüssel geben und kühl stellen. Frühlingszwiebel putzen, waschen und in feine Ringe schneiden. Den Knoblauch schälen und fein würfeln. Die Limette heiß waschen, die Schale fein abreiben und den Saft auspressen.

2 Lachswürfel mit dem Honig, der Hälfte des Limettensafts, Limettenschale, Olivenöl, Frühlingszwiebel und Knoblauch mischen und das Tatar mit Salz und Pfeffer würzen. Crème fraîche mit dem restlichen Limettensaft verrühren, mit Salz und Pfeffer würzen.

3 Den Metallring innen leicht einölen und auf einen Teller stellen. Je die Hälfte des Tatars hineingeben, glatt streichen, mit einem Teil der Limettencreme bedecken, glatt streichen und den Ring abziehen. Auf die gleiche Art und Weise ein weiteres Tatartürmchen auf einen zweiten Teller setzen.

4 Die Kresse vom Beet schneiden und dekorativ auf den Tatartürmchen anrichten. Diese mit dem Ciabatta von Seite 147 oder den Joghurthörnchen von Seite 156 servieren.

TIPP:

Zum Mitnehmen können Sie das Tatar in kleine Twist-off-Gläschen anstelle des Metallringes schichten.

SCHAFSKÄSEFRIKADELLEN

400 ml glutenfreie Gemüsebrühe (siehe Seite 91)
200 g Hirseflocken
200 g rote Paprikaschote
3 Knoblauchzehen
200 g Schafskäse (Feta)
20 g gepoppter Amarant
Pfeffer
Salz
40 g Butter
2 EL Öl
4 Thymianzweige
1 Rosmarinzweig

Für 4 Personen
1 Std. 30 Min. Zubereitung

Nährwert pro Stück:

- ca. 450 kcal
- 15 g Eiweiß
- 25 g Fett
- 40 g Kohlenhydrate

1 Gemüsebrühe in einen kleinen Topf geben, zum Kochen bringen, die Hirseflocken einrieseln lassen und auf der ausgeschalteten Kochstelle offen 20 Min. ausquellen lassen.

2 Die Paprika waschen, vom Kerngehäuse und den weißen Trennwänden befreien und in sehr kleine Würfel schneiden. Den Knoblauch schälen, fein hacken und zusammen mit den Paprikawürfeln zur Hirsemasse geben.

3 Den Feta in kleine Würfel schneiden und vorsichtig unter die Hirsemasse heben. Den Amarant zufügen und die Masse mit Salz und Pfeffer deftig abschmecken.

4 Mit feuchten Händen zwölf gleichmäßige flache Teiglinge formen und in einer großen Pfanne die Butter und das Öl erhitzen. Thymian- und Rosmarinzweige einlegen, dann die Frikadellen portionsweise in die Pfanne geben, je ca. 3 Min. bei mittlerer Hitze von beiden Seiten braten, aus der Pfanne nehmen und warm oder kalt servieren.

TIPP:

Wenn Sie die Frikadellen auf Vorrat zubereiten wollen, verdoppeln Sie die Menge und formen Sie gleichmäßige flache Teigplätzchen. Legen Sie diese auf ein mit Backpapier ausgelegtes Blech und backen Sie die Teiglinge ca. 45 Min. auf der mittleren Schiene des Backofens bei 190°. Abgekühlt und abgedeckt sind sie ca. 2 Tage im Kühlschrank haltbar, die Frikadellen lassen sich aber auch gut einfrieren.

SCHNELL UND EINFACH

Italienischer NUDELSALAT

500 g glutenfreie Nudeln (Teff oder Mehrkorn)
Salz
1 Zwiebel
150 g getrocknete, in Öl eingelegte Tomaten
2–4 EL Aceto balsamico bianco
Pfeffer
50 g Pinienkerne
100 g Rucola
200 g Parmesan

Für 4 Personen
40 Min. Zubereitung

Nährwert pro Portion:

- ca. 810 kcal
- 33 g Eiweiß
- 25 g Fett
- 110 g Kohlenhydrate

1 Die Nudeln in reichlich kochendem Salzwasser bissfest kochen. Inzwischen die Zwiebel schälen und klein hacken. Die getrockneten Tomaten kurz abtropfen lassen, dabei das Öl auffangen, und die Tomaten klein würfeln. Tomaten- und Zwiebelwürfel in eine Salatschüssel geben.

2 Den Essig zusammen mit dem aufgefangenen Tomatenöl zur Zwiebel-Tomaten-Masse geben und diese mit Salz und Pfeffer pikant abschmecken. Die Nudeln in ein Sieb abgießen, kalt abschrecken, kurz abtropfen lassen und unter die Zwiebel-Tomaten-Masse heben.

3 Die Pinienkerne in einer Pfanne ohne Fett bei mittlerer Hitze rösten. Wenn sie anfangen zu duften, nochmals kurz wenden, dann aber sofort aus der Pfanne nehmen und auf einem Teller auskühlen lassen.

4 Den Rucola verlesen und die groben Stiele entfernen, die Blätter waschen und mit der Schere in mundgerechte Stücke schneiden. Den Parmesan mit dem Sparschäler in grobe Späne hobeln.

5 Kurz vor dem Servieren die Hälfte des Parmesan und den Rucola unter den Salat heben. Diesen mit 3 EL Tomatenöl abschmecken und mit dem restlichen Parmesan und den Pinienkernen bestreuen.

TIPP:

Wer mag, ergänzt den Salat noch mit (Büffel-)Mozzarella. Dazu 1 Kugel Mozzarella (125 g Abtropfgewicht) abtropfen lassen, in kleine Stücke schneiden und zum Salat geben.

LÄSST SICH
GUT VORBE-
REITEN

VITAMIN-
REICH

GEMÜSESALAT

250 g Tomaten
250 g vorwiegend festkochende Kartoffeln
250 g Paprikaschoten
250 g Zwiebeln
2 EL Olivenöl
Salz
Pfeffer

Für 2 Personen
50 Min. Zubereitung

Nährwert pro Portion:

- ca. 230 kcal
- 6 g Eiweiß
- 11 g Fett
- 26 g Kohlenhydrate

1 Die Tomaten kreuzweise einschneiden, in einer Schüssel mit kochendem Wasser bedecken und etwa 1 Min. ziehen lassen. Das heiße Wasser abgießen, die Tomaten kalt abschrecken und häuten.

2 Die Kartoffeln waschen und schälen. Die Paprika halbieren, von Kerngehäusen und den weißen Trennwänden befreien und waschen. Die Zwiebeln schälen.

3 Das vorbereitete Gemüse in etwa 2 cm große Stücke schneiden. Einen großen Topf auf die Herdplatte stellen, erhitzen und das vorbereitete Gemüse hineingeben. Anschließend das Olivenöl darüber gießen und die Gemüsemischung mit Salz und Pfeffer würzen.

4 Das Gemüse bei schwacher Hitze ca. 30 Min. offen garen, dabei immer wieder rühren, damit nichts anbrennt. Den Salat lauwarm oder kalt servieren.

FENCHEL-BLATT-SALAT

1 kleine Fenchelknolle | 100 ml glutenfreie Instant-Gemüsebrühe (siehe Seite 91) | Salz | 1 Bio-Zitrone | 1 EL Aceto balsamico bianco | 1 EL Olivenöl | 75 g Blattsalat (z. B. Kopfsalat, Batavia, Lollorosso)

Für 2 Personen | 25 Min. Zubereitung

1 Die Fenchelknolle putzen, waschen, längs halbieren, den harten Strunk in der Mitte herausschneiden und das Fruchtfleisch in sehr dünne Scheiben schneiden.

2 Die Gemüsebrühe in einen Topf geben und zum Kochen bringen, die Fenchelscheiben hineingeben und zugedeckt in 10–12 Min. bissfest dämpfen. Anschließend die Fenchelscheiben in eine Salatschüssel geben und mit Salz abschmecken.

3 Die Schale der Zitrone mit einem scharfen Messer samt der weißen Haut dick abschneiden. Die einzelnen Fruchtfilets aus den weißen Trennhäutchen herauslösen und sehr klein schneiden. Zitronenstücke, Essig und Olivenöl miteinander verrühren.

4 Kurz vor dem Servieren den Blattsalat putzen, waschen, in mundgerechte Stücke zupfen und trocken schleudern. Fenchel, Blattsalat und Marinade in der Salatschüssel gut miteinander mischen. Den Salat auf zwei Tellern anrichten und genießen.

Nährwert pro Portion:

ca. 80 kcal	6 g Fett
2 g Eiweiß	4 g Kohlenhydrate

FARMERSALAT

250 g Möhren | 120 g Knollensellerie | 1 Frühlingszwiebel | 50 g Sahne | 100 g Joghurt | 1 EL glutenfreie Mayonnaise | 2–3 Spritzer Zitronensaft | Salz | Pfeffer
Für 2 Personen | 20 Min. Zubereitung | 1 Std. Ruhen

1 Möhren und Sellerie schälen, putzen und grob raspeln. Frühlingszwiebel putzen, waschen und in feine Ringe schneiden. Alle drei Zutaten in eine Salatschüssel geben.

2 Für das Dressing Sahne, Joghurt und Mayonnaise in einem Schüsselchen glatt miteinander verrühren und mit Zitronensaft, Salz und Pfeffer abschmecken. Das Dressing über das Gemüse geben und alles gut vermengen. Den Salat vor dem Servieren 1 Std. ziehen lassen.

TIPP:

Dieser Salat eignet sich prima als gemüsebetonte Zwischenmahlzeit. Auch als Beilage zu Steak oder zu den Chicken Wings von Seite 122 schmeckt er besonders gut.

Nährwert pro Portion:

ca. 190 kcal	15 g Fett
4 g Eiweiß	9 g Kohlenhydrate

GEFLÜGEL-REIS-SALAT

200 g Hähnchenbrustfilet oder Putenschnitzel
3 TL Öl
2 Bio-Äpfel
200 g Bio-Salatgurke
100 g Knollensellerie
6–9 EL glutenfreie Gemüsebrühe (siehe Seite 91)
1 EL Zitronensaft
Salz
Pfeffer
150 g gegarter Reis
2 EL gehackte TK-Kräuter (z. B. Petersilie, Dill oder 8-Kräuter)

Für 2 Personen
30 Min. Zubereitung
30 Min. Ruhen

Nährwert pro Portion:

- ca. 365 kcal
- 27 g Eiweiß
- 11 g
- 39 g Kohlenhydrate

1 Das Geflügelfleisch kalt abspülen, mit Küchenpapier abtrocknen und in dünne Streifen schneiden. In einer Pfanne 1 TL Öl erhitzen und das Fleisch darin bei mittlerer bis starker Hitze rundherum in ca. 5 Min. anbraten. Aus der Pfanne nehmen und etwas abkühlen lassen.

2 Die Äpfel waschen, vierteln und von den Kerngehäusen befreien. Die Salatgurke waschen und putzen. Den Knollensellerie schälen und putzen. Anschließend Äpfel, Gurke und Sellerie auf der Gemüsereibe grob raspeln.

3 Gemüsebrühe und das restliche Öl in einer Salatschüssel mit dem Zitronensaft verrühren und die Marinade mit Salz und Pfeffer abschmecken.

4 Geflügelstreifen, Reis, Kräuter sowie Apfel-, Gurken- und Sellerieraspel zur Marinade in die Schüssel geben, alle Zutaten gut miteinander mischen und vor dem Servieren 30 Min. ziehen lassen.

IDEALER
BÜROSNACK

Farbiger KÄSE-WURST-SALAT

je 1 rote und gelbe Paprikaschote
1 Zwiebel
2 Gewürzgurken
6 Eiertomaten
200 g aufgetaute TK-Erbsen
100 g Putenbrustaufschnitt
200 g Edamer Käse
2 EL Aceto balsamico bianco
1 TL mittelscharfer Senf
1 Msp. edelsüßes Paprikapulver
1 EL Schnittlauchröllchen
Salz
Pfeffer

Für 4 Personen
25 Min. Zubereitung
30 Min. Ruhen

Nährwert pro Portion:

- ca. 300 kcal
- 23 g Eiweiß
- 16 g Fett
- 14 g Kohlenhydrate

1 Die Paprikaschoten längs halbieren, von den Kerngehäusen und den weißen Trennwänden befreien und waschen. Die Zwiebel schälen. Anschließend Paprika, Zwiebel und Gewürzgurken klein würfeln.

2 Die Tomaten waschen, von den Stielansätzen befreien und achteln. Die Putenbrust und den Edamer Käse in Streifen schneiden und mit den anderen vorbereiteten Zutaten in eine Salatschüssel geben.

3 Für das Dressing Essig, Senf, Paprikapulver und Schnittlauch in einem Schälchen miteinander verrühren und mit Salz und Pfeffer abschmecken. Das Dressing zum Salat geben und alle Zutaten gut mischen. Den fertigen Käse-Wurst-Salat vor dem Servieren zugedeckt ca. 30 Min. bei Raumtemperatur ziehen lassen.

BUNTER
BROTZEIT-
SPASS

MAULTASCHEN

mit Gemüse-Brät-Füllung

Für den Nudelteig:
250 g helle Mehlmischung (siehe Seite 146)
50 g Tapiokastärke
3 Eier (Größe L)
5 g Salz | 2 EL Öl
½ TL gemahlene Flohsamenschalen

Für die Füllung:
je 50 g Lauch, Sellerie, Möhren
1 Zwiebel
100 ml glutenfreie Gemüsebrühe (siehe Seite 91)
je ½ Bund Kerbel, Petersilie und Schnittlauch
¼ Bund Estragon
175 g gekühltes Kalbsbrät
Salz | Pfeffer

Für 4 Personen
2 Std. Zubereitung

Nährwert pro Portion:

- ca. 435 kcal
- 16 g Eiweiß
- 12 g Fett
- 67 g Kohlenhydrate

1 Alle Teigzutaten und 2–3 EL Wasser in einer Schüssel mit den Knethaken des Handrührgeräts zu einem glatten Teig verkneten. Diesen weitere 10 Min. mit den Händen kneten, bis er nicht mehr klebt. Den Teig ca. 30 Min. in Frischhaltefolie gewickelt bei Raumtemperatur quellen lassen.

2 Inzwischen Lauch putzen, waschen und in feine Streifen schneiden. Sellerie und Möhren putzen, schälen und raspeln. Die Zwiebel schälen und klein würfeln.

3 Gemüse und Brühe in einem kleinen Topf aufkochen und zugedeckt 3 Min. bei schwacher Hitze dünsten. Das Gemüse in ein Sieb abgießen und im Kühlschrank erkalten lassen. Inzwischen die Kräuter kalt abbrausen und trocken schütteln. Von Kerbel, Estragon und Petersilie die Blättchen abzupfen und fein hacken. Den Schnittlauch in feine Röllchen schneiden. Die Kräuter ebenfalls in den Kühlschrank stellen. Dann Gemüse, Kräuter und Brät gut gekühlt zu einer streichfähigen Farce pürieren, salzen und pfeffern.

4 Teig auf bemehlter Arbeitsfläche dünn ausrollen, in 4 cm lange Bahnen schneiden (Bild 1). Je 1 TL Brät in 3 cm Abstand darauf setzen. Um das Brät den Teig mit Wasser bestreichen, zweite Teigbahn darüber legen und um das Brät fest andrücken. Maultaschen abschneiden (Bild 2).

5 Die Maultaschen in 1,5 l kochendes Salzwasser geben und darin bei schwacher Hitze in ca. 5 Min. garen. Mit einem Schaumlöffel herausheben (Bild 3), auf vier Suppenteller verteilen und in Fleischbrühe servieren (Bild 4).

TRADITIONS-REZEPT

Im Schwäbischen heißen Maultaschen auch Herrgottsbscheißerle, weil Mönche in der Fastenzeit das Fleisch vor dem wachenden Auge Gottes im Nudelteig versteckten.

ITALO-
KLASSIKER
GLUTENFREI INTER-
PRETIERT

KICHERERBSEN-MINESTRONE

1 kleine Stange Lauch
1 Möhre
1 Stange Staudensellerie
2 Fenchelknollen
1 Zucchino
2 große Eiertomaten
1 EL Öl
400 g abgetropfte Kichererbsen aus der Dose
Salz
Pfeffer
1,5 l glutenfreie Gemüsebrühe (siehe Seite 91)
2 Knoblauchzehen
1 Zweig Rosmarin
1 Zweig Thymian
2–3 Salbeiblätter
50 g frisch geriebener Parmesan

Für 4 Personen
1 Std. Zubereitung

Nährwert pro Portion:

- ca. 200 kcal
- 12 g Eiweiß
- 8 g Fett
- 19 g Kohlenhydrate

1 Den Lauch putzen, längs halbieren und waschen. Möhre und Staudensellerie putzen und schälen. Fenchel und Zucchino putzen und waschen. Den Fenchel längs halbieren und vom Strunk befreien. Das vorbereitete Gemüse in sehr kleine Würfel schneiden.

2 Die Tomaten kreuzweise einschneiden, in einer Schüssel mit kochend heißem Wasser übergießen und ca. 1 Min. darin ziehen lassen. Tomaten mit einer Schaumkelle herausheben, kalt abschrecken, häuten, entkernen, von den Stielansätzen befreien und in breite Spalten schneiden.

3 Das Öl in einem großen Topf erhitzen und Lauch, Möhre, Sellerie und Fenchel darin bei mittlerer Hitze 5–7 Min. andünsten. Zuletzt die Zucchiniwürfel dazugeben und ca. 10 Min. weiterdünsten.

4 Kichererbsen zum Gemüse geben. Die Mischung salzen und pfeffern, mit Gemüsebrühe aufgießen, zum Kochen bringen und zugedeckt bei schwacher Hitze köcheln lassen.

5 Inzwischen den Knoblauch schälen und durch die Presse drücken. Die Kräuter kalt abbrausen. Knoblauch und Kräuter in die Minestrone geben und diese zugedeckt bei schwacher Hitze etwa 15 Min. weiterköcheln lassen. Kurz vor Ende der Garzeit Rosmarin, Thymian und Salbei entfernen, die Tomatenspalten dazugeben und in der Suppe erhitzen. Die Minestrone auf vier Suppenteller verteilen und mit Parmesan zum Bestreuen servieren.

FISCHSUPPE

aus der Provence

1 rote Peperoni
2 kleine gelbe Paprikaschoten (ca. 150 g)
2 Frühlingszwiebeln
300 g Zucchini
4 kleine Tomaten (ca. 300 g)
1 Knoblauchzehe
1 TL Honig
1 l glutenfreie Gemüsebrühe (siehe Seite 91)
abgeriebene Schale von 1 Bio-Zitrone
1 Brief Safranfäden (0,2 g)
Salz
400 g mageres Fischfilet (z. B. Seelachs, Rotbarsch)
4 dicke Scheiben glutenfreies Brot (70 g)
2 TL Olivenöl
2 Stängel glatte Petersilie

Für 4 Personen
45 Min. Zubereitung

Nährwert pro Portion:

- ca. 215 kcal
- 21 g Eiweiß
- 7 g Fett
- 17 g Kohlenhydrate

1 Peperoni und Paprikaschoten waschen, längs halbieren, von Kerngehäusen und weißen Trennwänden befreien und waschen. Die Frühlingszwiebeln und die Zucchini putzen und waschen. Die Tomaten waschen und von den Stielansätzen befreien. Paprika, Frühlingszwiebeln und Zucchini fein würfeln. Die Tomaten achteln. Den Knoblauch schälen.

2 Paprikawürfel in einem Topf ohne Fett 1 Min. bei mittlerer Hitze andünsten. Den Honig dazugeben und alles bei starker Hitze unter ständigem Rühren leicht bräunen.

3 Brühe, Zitronenschale, Knoblauch, Peperoni, Safran sowie Salz zufügen, den Topfinhalt aufkochen und zugedeckt 4–5 Min. bei schwacher Hitze köcheln lassen. Zwiebelwürfel, Zucchini und Tomaten zufügen und die Suppe weitere 3–4 Min. köcheln lassen.

4 Das Fischfilet kalt abspülen, mit Küchenpapier abtrocknen, in ca. 3 cm große Stücke schneiden, in die Suppe geben und darin in ca. 3 Min. zugedeckt bei schwacher Hitze garen. Anschließend die Peperoni entfernen und die Suppe mit Salz abschmecken.

5 Die Brotscheiben in einer Pfanne ohne Fett bei mittlerer Hitze rösten und in je einen vorgewärmten Suppenteller legen. Die Brote mit der gekochten Knoblauchzehe abreiben, mit Öl beträufeln und mit der heißen Suppe übergießen. Petersilie kalt abbrausen, die Blättchen abzupfen und fein schneiden. Die Suppe damit bestreuen und servieren.

URLAUBS-
FEELING PUR

KÜRBISSUPPE

mit schwarzen Linsen

100 g schwarze Linsen
500 g Hokkaidokürbis
100 g Petersilienwurzel
8 mehligkochende Kartoffeln
2 kleine Zwiebeln
1 walnussgroßes Stück frischer Ingwer
2 EL Öl
1 TL gemahlene Kurkuma
je 1 Prise Chili- und Zimtpulver, gemahlener Kardamom und Kreuzkümmel
800 ml glutenfreie Gemüsebrühe (siehe Seite 91)
4 Stängel Petersilie
50 g Sahne
Pfeffer
Salz

Für 4 Personen
1 Std. 30 Min. Zubereitung

Nährwert pro Portion:

- ca. 315 kcal
- 12 g Eiweiß
- 10 g Fett
- 44 g Kohlenhydrate

1 Die Linsen in ein Sieb geben, kalt abbrausen und abtropfen lassen, dann mit 250 ml Wasser in einen kleinen Topf geben, aufkochen und 20–30 Min. bei schwacher Hitze zugedeckt köcheln lassen.

2 Inzwischen den Kürbis waschen, entkernen und mit der Schale würfeln. Petersilienwurzel, Kartoffeln, Zwiebeln und Ingwer schälen und würfeln.

3 Das Öl in einem Topf erhitzen und Zwiebeln und Ingwer darin andünsten. Kurkuma, Chilipulver, Kardamom, Zimt und Kreuzkümmel zugeben, kurz mitbraten, dann Kürbis, Petersilienwurzel und Kartoffeln zugeben.

4 Das Gemüse mit Gemüsebrühe aufgießen, die Suppe aufkochen und zugedeckt ca. 20 Min. bei schwacher Hitze köcheln lassen, bis der Kürbis weich ist. Inzwischen die Petersilie kalt abbrausen, trocken schütteln, die Blättchen abzupfen und fein schneiden.

5 Die Linsen in ein Sieb abgießen und abtropfen lassen. Das Gemüse mit dem Stabmixer pürieren, die Sahne sowie die Linsen unterrühren, die Suppe mit Pfeffer und Salz abschmecken, auf vier Suppenteller verteilen, mit Petersilie bestreuen und servieren.

AROMATISCHE
EIWEISS-
QUELLE

ZITRONEN-LAUCH-SUPPE

500 g zarte Lauchstangen | 1 Zwiebel | 2 Knoblauchzehen | 2 Stängel Majoran | 2 EL Olivenöl | 50 ml trockener Weißwein | 700 ml glutenfreie Instant-Gemüsebrühe (siehe Seite 91) | 2 EL Schmand | Salz | Pfeffer | frisch geriebene Muskatnuss | abgeriebene Schale und Saft von ½ Bio-Zitrone
Für 4 Personen | 40 Min. Zubereitung

1 Den Lauch putzen, längs aufschneiden, gründlich waschen und in feine Ringe schneiden. Einige Ringe für die Garnitur beiseitelegen. Die Zwiebel und den Knoblauch schälen, die Zwiebel klein würfeln.

2 Den Majoran kalt abbrausen, trocken schütteln, die Blättchen von den Stielen zupfen und fein hacken.

3 Öl in einem Topf erhitzen und Zwiebel und Lauch darin anbraten. Knoblauch dazupressen, Majoran zugeben und den Topfinhalt unter Rühren bei schwacher Hitze 3 Min. dünsten. Wein und Brühe angießen, aufkochen und die Suppe zugedeckt bei schwacher Hitze 20 Min. köcheln lassen.

4 Das Gemüse mit dem Stabmixer fein pürieren und den Schmand einrühren. Die Suppe mit Salz, Pfeffer, Muskatnuss, Zitronensaft und -schale abschmecken, auf vier Suppenteller verteilen und mit Lauchringen bestreut servieren.

Nährwert pro Portion:

ca. 100 kcal	7 g Fett
2 g Eiweiß	4 g Kohlenhydrate

Exotische MÖHRENSUPPE

600 g Möhren | 1 Zwiebel | 1 Stück frischer Ingwer (ca. 2 cm) | 1 EL Öl | 800 ml glutenfreie Instant-Gemüsebrühe (siehe Seite 91) | Saft von 1 Orange | 1 EL glutenfreie Sojasauce (z. B. natürlich gebraute Tamari) | 1–2 Msp. Chilipulver | 2 EL saure Sahne | 4 TL Kresse | Salz | Pfeffer

Für 4 Personen | 35 Min. Zubereitung

1 Die Möhren putzen, schälen und in Scheiben schneiden. Zwiebel und Ingwer schälen und fein würfeln.

2 Das Öl in einem hohen Topf erhitzen und die Zwiebelwürfel darin glasig dünsten. Anschließend die Möhrenscheiben dazugeben und mit der Gemüsebrühe und dem Orangensaft aufgießen.

3 Die Sojasauce und das Chilipulver einrühren. Den Topfinhalt aufkochen und bei schwacher Hitze zugedeckt 15 Min. köcheln lassen, bis die Möhren weich sind. Inzwischen die saure Sahne mit Ingwer und 3 TL Kresse verrühren.

4 Die Suppe mit dem Stabmixer fein pürieren, mit Salz und Pfeffer abschmecken, auf vier Suppenteller verteilen, je 1 Klecks Ingwersahne in die Mitte setzen und mit etwas Kresse garnieren.

Nährwert pro Portion:

ca. 95 kcal	5 g Fett
2 g Eiweiß	11 g Kohlenhydrate

»HEIZT« GUT EIN

Feurige GLASNUDELSUPPE

50 g Glasnudeln
200 g Rindfleisch
1 walnussgroßes Stück frischer Ingwer
je ½ grüne, rote und gelbe Paprikaschote
½ Bund Frühlingszwiebeln
½ Glas Bambussprossen (ca. 90 g Abtropfgewicht)
1 EL Öl
80 g TK-Erbsen
1 l glutenfreie Gemüsebrühe (siehe Seite 91)
1 rote Chilischote
2 EL Tomatenmark
2 EL Zitronensaft
Sambal Oelek
Salz

Für 4 Personen
30 Min. Zubereitung

Nährwert pro Portion:

- ca. 180 kcal
- 14 g Eiweiß
- 5 g Fett
- 18 g Kohlenhydrate

1 Die Glasnudeln in einer Schüssel mit kochendem Wasser übergießen und 5 Min. ziehen lassen, dann in ein Sieb abgießen, eiskalt abschrecken, abtropfen lassen und mit einer Küchenschere in kleine Stücke schneiden.

2 Das Rindfleisch kalt abspülen, mit Küchenpapier abtrocknen und in feine Streifen schneiden. Den Ingwer schälen und fein hacken. Die Paprikaschoten von Kerngehäusen und weißen Trennwänden befreien, waschen und in feine Würfel schneiden. Die Frühlingszwiebeln putzen, waschen und in feine Ringe schneiden. Die Bambussprossen in ein Sieb abgießen und abtropfen lassen.

3 Den Wok erhitzen, das Öl zugeben und die Rindfleischstreifen mit dem Ingwer darin scharf anbraten. Dann die Paprikawürfel, Erbsen, Bambussprossen und zuletzt die Frühlingszwiebeln dazugeben und anschließend 5 Min. unter Rühren mitbraten.

4 Die Gemüse-Fleisch-Mischung mit Gemüsebrühe ablöschen. Die Chilischote waschen, längs halbieren, entkernen, sehr fein hacken und mit Tomatenmark und Zitronensaft unter die Suppe rühren. Diese offen bei mittlerer Hitze ca. 12 Min. köcheln lassen.

5 Kurz vor dem Servieren die Glasnudeln zur Suppe geben. Diese mit Sambal Oelek und Salz abschmecken, auf vier Suppenteller verteilen und servieren.

Schwedische SNOLSOPPA

500 g mehligkochende Kartoffeln | 500 g gemischtes Sommergemüse (z. B. Blumenkohl, Brokkoli, Möhren, Erbsen) | 750 ml Milch | 150 g gemischte Kräuter (Petersilie, Dill, Kresse, Schnittlauch, Kerbel, Sauerampfer, Borretsch, Pimpinelle) | Salz | 1 Msp. Muskatblüte (Macis)

Für 4 Personen | 40 Min. Zubereitung

1 Die Kartoffeln waschen, schälen und in Würfel schneiden. Blumenkohl und Brokkoli putzen, waschen und in kleine Röschen teilen. Die Möhren putzen, schälen und in Scheiben schneiden. Die Erbsen aus den Schoten palen.

2 In einem großen Topf die Milch mit 750 ml Wasser zum Kochen bringen.

3 Blumenkohl, Brokkoli, Möhren, Erbsen und Kartoffeln dazugeben, aufkochen und zugedeckt bei schwacher Hitze 20 Min. köcheln lassen.

4 Inzwischen die Kräuter kalt abbrausen, trocken schütteln, die Blättchen abzupfen und diese fein schneiden. Die Suppe mit Salz und Macis kräftig abschmecken, auf vier Suppenteller verteilen und mit den Kräutern bestreut servieren.

Nährwert pro Portion:

ca. 225 kcal	7 g Fett
11 g Eiweiß	28 g Kohlenhydrate

selbst gemachtes GEMÜSEBRÜHPULVER

500 g Zwiebeln | 350 g Möhren | 100 g Lauch | 250 g Knollensellerie | 600 g Tomaten | 40 g Petersilie | 160 g grobes Meersalz

Für ca. 450 g (ca. 45 TL) | 25 Min. Zubereitung | 10 Std. Trocknen

1 Die Zwiebeln schälen und klein würfeln. Möhren putzen, schälen und klein würfeln. Lauch putzen, waschen und in dünne Scheiben schneiden. Den Sellerie putzen, schälen und klein würfeln. Tomaten waschen, von den Stielansätzen befreien und klein schneiden. Petersilie waschen, trocken schütteln und mit den Stielen hacken.

2 Die vorbereiteten Zutaten mit dem Salz im Mixer möglichst fein pürieren.

3 Den Backofen auf 100° Umluft vorheizen. Zwei Backbleche mit Backpapier auslegen und die Masse darauf verteilen. Die Bleche in den Backofen schieben und den Gemüse-Salz-Mix in 8–10 Std., am besten über Nacht, trocknen lassen.

4 Den trockenen Mix in der Küchenmaschine oder im Standmixer fein mahlen und in ein gut verschließbares Gefäß geben, dann ist das Pulver einige Wochen haltbar. Für 250 ml fertige Brühe 1 TL Pulver mit 250 ml heißem Wasser verrühren.

Nährwert pro Teelöffel:

ca. 8 kcal	0 g Fett
0 g Eiweiß	1 g Kohlenhydrate

KOKOSCURRY

500 g vorwiegend festkochende Kartoffeln
400 g Mangold
200 g Austernpilze
50 g Schalotten
100 g grüne Bohnen
3 kleine Möhren
1 kleine Aubergine
12 Babymaiskolben
2 Stängel Zitronengras
2 Knoblauchzehen
1 Stück frischer Ingwer (ca. 8 cm)
2 rote Chilischoten
1 EL Öl
2 EL Rohrohrzucker
1 TL gemahlene Kurkuma
1 TL glutenfreie grüne Currypaste
800 ml Kokosmilch
4 EL glutenfreie Sojasauce

Für 4 Personen
50 Min. Zubereitung

1 Die Kartoffeln waschen, schälen und würfeln. Mangold waschen und die Stiele abschneiden. Blätter in breite, Stiele in feine Streifen schneiden. Austernpilze putzen und in grobe Stücke teilen. Schalotten schälen und fein würfeln. Bohnen waschen, putzen und quer halbieren.

2 Die Möhren putzen, schälen und in dünne Streifen schneiden. Aubergine waschen, putzen und würfeln. Mais in einem Sieb abtropfen lassen und in kleine Stücke schneiden. Das Zitronengras von den harten Außenblättern befreien und in feine Ringe schneiden. Knoblauch und Ingwer schälen und fein hacken. Die Chilischoten waschen, längs halbieren, entkernen und in feine Streifen schneiden.

3 Das Öl im Wok erhitzen. Schalotten, Knoblauch, Chili, Zitronengras und Ingwer darin anbraten. Den Zucker, Kurkuma und Currypaste dazugeben, kurz mitbraten, dann die angebratenen Zutaten an den Rand schieben.

4 Das vorbereitete Gemüse zugeben, bei starker Hitze unter ständigem Rühren 2 Min. anbraten und dann mit der Kokosmilch ablöschen. Das Curry aufkochen, bei schwacher Hitze zugedeckt 15 Min. köcheln lassen, mit der Sojasauce abschmecken und servieren.

Nährwert pro Portion:

ca. 560 kcal
14 g Eiweiß
38 g Fett
42 g Kohlenhydrate

FARB- UND DUFT-
ERLEBNIS

FRÜHLINGSKARTOFFELN

mit Füllung

1 kg kleine neue festkochende Kartoffeln | Salz | 3 Stängel Petersilie | 3 Bärlauchblätter | 5 Frühlingszwiebeln | 300 g saure Sahne | schwarzer Pfeffer | 50 g geriebener Hartkäse (z. B. Appenzeller, Greyerzer)

Für 4 Personen | 1 Std. 30 Min. Zubereitung

1 Kartoffeln waschen, dann zugedeckt in kochendem Salzwasser bei mittlerer Hitze je nach Größe 20–35 Min. garen.

2 Inzwischen Kräuter kalt abbrausen und trocken schütteln. Frühlingszwiebeln putzen, waschen und in feine Ringe schneiden. Petersilienblättchen mit dem Bärlauch fein hacken. Zwiebeln, Kräuter und saure Sahne verrühren, salzen und pfeffern.

3 Den Backofen auf 225° vorheizen. Kartoffeln abgießen, kurz abkühlen lassen, längs halbieren und leicht aushöhlen. Das Kartoffelinnere mit einer Gabel zerdrücken und mit dem Sahne-Mix mischen.

4 Die Masse in die Kartoffelhälften füllen. Diese mit dem Käse bestreuen und auf ein mit Backpapier belegtes Blech setzen. Im Backofen (Mitte) ca. 10 Min. backen.

Nährwert pro Portion:

ca. 345 kcal	19 g Fett
10 g Eiweiß	33 g Kohlenhydrate

BUNTE GEMÜSE-TORTILLA

mit Feta

300 g gemischtes Gemüse (im Sommer Paprikaschoten, Tomaten, Zucchini; im Winter Brokkoli, Lauch, Möhren) | 1/4 Bund Petersilie | 4 Eier | Salz | Pfeffer | 1 EL Öl | 60 g Schafskäse (Feta)

Für 2 Personen | 30 Min. Zubereitung

1 Gemüse waschen, putzen, bei Bedarf schälen und in ca. 1 cm große Stücke schneiden. Die Petersilie kalt abbrausen, trocken schütteln, die Blättchen abzupfen und diese fein hacken.

2 Die Eier in einer Schüssel mit Petersilie, Salz und Pfeffer verquirlen. Das Öl in einer beschichteten Pfanne erhitzen und das vorbereitete Gemüse darin ca. 4 Min. bei mittlerer Hitze anbraten.

3 Die verquirlten Eier gleichmäßig über das Gemüse verteilen. Den Feta in kleine Würfel schneiden und anschließend auf die Ei-Gemüse-Masse streuen.

4 Tortilla zugedeckt bei schwacher Hitze in 4–5 Min. fertig stocken lassen, in der Pfanne vierteln. Je zwei Viertel auf einem Teller anrichten und mit einem knackigen Blattsalat servieren.

Nährwert pro Portion:

ca. 300 kcal	22 g Fett
20 g Eiweiß	4 g Kohlenhydrate

ES MUSS
NICHT
IMMER PIZZA
SEIN

KARTOFFELFLADEN

1 TL Honig
1 Würfel Hefe
500 g gekochte, ausgekühlte Kartoffeln
500 g helle Mehlmischung (siehe Seite 146)
12 g Salz
1 Msp. Brotgewürz
150 g Emmentaler am Stück
2–3 große Zwiebeln
1 TL Öl
Salz
Pfeffer
1 TL getrockneter Majoran

Für 1 Backblech (ergibt 16 Stücke)
45 Min. Zubereitung
55 Min. Ruhen
30 Min. Backen

Nährwert pro Stück:

- ca. 175 kcal
- 4 g Eiweiß
- 4 g Fett
- 32 g Kohlenhydrate

1 100 ml lauwarmes Wasser mit dem Honig in ein Schüsselchen geben, die Hefe hineinbröckeln, mit dem Honig auflösen und ca. 10 Min. ruhen lassen, bis sie Blasen bildet.

2 Inzwischen die Kartoffeln pellen und reiben. Mehlmischung, Salz, Brotgewürz und 250 g geriebene Kartoffeln in einer Rührschüssel mischen. Anschließend das Hefewasser zugeben und alle Zutaten in der Schüssel mit den Knethaken des Handrührgeräts verkneten.

3 Nach und nach 200 ml lauwarmes Wasser zugeben, bis der Teig eine geschmeidige Konsistenz hat. Den Teig zugedeckt an einem warmen Ort 45 Min. gehen lassen.

4 Inzwischen den Emmentaler reiben. Die Zwiebeln schälen und in Ringe schneiden. Das Öl in einer Pfanne erhitzen und die Zwiebeln darin glasig dünsten. Ein Backblech mit Backpapier auslegen und den Backofen auf 220° vorheizen.

5 Den Teig auf das Backpapier geben und mit dem mit Reismehl bestaubten Nudelholz auf Größe des Blechs ausrollen. Den Fladen mit Emmentaler bestreuen und mit den Zwiebelringen belegen. Die restlichen Kartoffeln aufstreuen, den Fladen kräftig mit Salz, Pfeffer und Majoran würzen und im heißen Backofen (Mitte) 30 Min. backen.

GEFÜLLTE MÖHREN-SEMMELKNÖDEL

mit Lauchsauce

450 g glutenfreie Brötchen
520 ml warme Milch
80 g Blauschimmelkäse
40 g Zwiebeln
200 g Möhren
½ Bund Petersilie | 1 Ei
20 g glutenfreie Semmelbrösel
frisch geriebene Muskatnuss | Salz
200 g Lauch | 1 EL Öl
100 ml Weißwein
200 ml glutenfreie Gemüsebrühe (siehe Seite 91)
60 g Frischkäse
5–10 g Maisstärke
40 g Sahne
abgeriebene Schale von ½ Bio-Zitrone
Pfeffer

Für 4 Personen
1 Std. 30 Min. Zubereitung

Nährwert pro Portion:

ca. 570 kcal
17 g Eiweiß
24 g Fett
68 g Kohlenhydrate

1 Für die Knödel den Backofen auf 200° vorheizen. Die Brötchen in dünne Scheiben schneiden, auf einem Backblech verteilen und im Backofen (Mitte) 5 Min. rösten. Knödelbrot in eine große Schüssel geben, mit 420 ml Milch übergießen und 15 Min. ziehen lassen.

2 Inzwischen den Käse in 12 Würfel schneiden. Zwiebel schälen und fein würfeln. Möhren putzen, schälen und raspeln. Petersilie kalt abbrausen, die Blättchen hacken. Zwiebeln, Möhren und Petersilie in einer beschichteten Pfanne ohne Fett anschwitzen, mit Ei, Semmelbröseln, 1 Prise Muskat und ½ TL Salz mit dem Knödelbrot verkneten.

3 In einem großen Topf reichlich Salzwasser zum Kochen bringen. Aus dem Teig mit angefeuchteten Händen zwölf Knödel formen, in diese Mulden drücken. Käsewürfel hineingeben, die Knödel verschließen und im siedenden Wasser in 15–20 Min. zugedeckt gar ziehen lassen.

4 Für die Sauce den Lauch putzen, längs halbieren, waschen und in feine Ringe schneiden. Öl in einem Topf erhitzen, Lauch darin andünsten, mit Weißwein ablöschen und diesen bei starker Hitze reduzieren. Nach und nach die Gemüsebrühe zugeben, diese dazwischen immer wieder einkochen lassen. Restliche Milch und Frischkäse zugeben und erhitzen, bis der Käse geschmolzen ist. Stärke und Sahne glatt verrühren, zur Sauce geben, diese kurz aufkochen und mit Zitronenschale, Muskat, Pfeffer und Salz abschmecken. Knödel mit einem Schaumlöffel aus dem Wasser heben, mit der Sauce anrichten und servieren.

KLASSIKER
IN NEUEM
GEWAND

MEDITERRANE GNOCCHI mit Maisgrieß

1 kg mehligkochende Kartoffeln
150 g Polenta (Maisgrieß)
6 Eigelb
120 g helle Mehlmischung (siehe Seite 146) plus etwas mehr zum Arbeiten
frisch geriebene Muskatnuss
Salz
Pfeffer | 1 Zwiebel
1 große Knoblauchzehe
1 kleine Aubergine
4 kleine Möhren
1 Zweig Thymian
1 EL Öl
800 g stückige Tomaten (aus der Dose)
1 TL fein geschnittene Basilikumblätter
40 g Parmesanspäne

Für 4 Personen
1 Std. 30 Min. Zubereitung

Nährwert pro Portion:

ca. 520 kcal
16 g Eiweiß
8 g Fett
95 g Kohlenhydrate

1 Kartoffeln waschen, in kochendem Wasser zugedeckt bei mittlerer Hitze in ca. 30 Min. garen, dann abgießen, kalt abschrecken, schälen, durch die Kartoffelpresse in eine Schüssel drücken (Bild 1) und kurz ausdampfen lassen. Die Polenta in einen hohen Mixbecher geben und mit dem Stabmixer kurz mixen. Polenta, Eigelbe, Mehlmischung, 1 Prise Muskat, Salz und Pfeffer zu den Kartoffeln geben und alle Zutaten zu einem glatten Teig kneten.

2 Den Teig 15 Min. quellen lassen, dann in sechs Portionen teilen und diese mit bemehlten Händen und auf bemehlter Arbeitsfläche zu fingerdicken Rollen formen. Die Rollen in 2 cm lange Stücke schneiden (Bild 2).

3 Für die Sauce Zwiebel und Knoblauch schälen. Aubergine waschen und putzen. Möhren putzen und schälen. Das Gemüse klein würfeln. Thymian kalt abbrausen.

4 Das Öl in einem Topf erhitzen und Aubergine, Zwiebel und Knoblauch darin bei mittlerer Hitze anschwitzen, bis sie beginnen Farbe anzunehmen. Möhren zugeben und noch ca. 1 Min. mit anschwitzen. Tomaten und Thymianzweig zugeben, die Sauce aufkochen und zugedeckt bei schwacher Hitze 10–15 Min. köcheln lassen. Den Thymian entfernen und die Sauce salzen und pfeffern.

5 In einem großen Topf reichlich kochendes Salzwasser zum Kochen bringen, die Gnocchi darin in 2–3 Min. gar ziehen lassen, mit einem Schaumlöffel aus dem Wasser heben (Bild 3), mit der Tomatensauce mischen und mit Basilikum und Parmesan bestreut servieren (Bild 4).

DER AUFWAND
LOHNT SICH!

Die Gnocchi im Salzwasser verraten von selbst, wann sie gar sind. Dann steigen sie nämlich vom Topfboden an die Wasseroberfläche und können ganz leicht mit dem Schaumlöffel herausgefischt werden.

GEBACKENE BANDNUDELN

Bologneser Art

250 g glutenfreie Bandnudeln
Salz
1 kleiner Zucchino
2 kleine Möhren
1 kleine rote Paprikaschote
1 große Zwiebel
1 Knoblauchzehe
1 EL Olivenöl
Pfeffer
½ TL edelsüßes Paprikapulver
Zucker
500 g passierte Tomaten (Tetra Pak)
je 1 Zweig Thymian und Rosmarin
100 g mittelalter Gouda
200 ml Milch

Für 4 Personen
30 Min. Zubereitung
30 Min. Backen

Nährwert pro Portion:

- ca. 430 kcal
- 16 g Eiweiß
- 14 g Fett
- 60 g Kohlenhydrate

1 Die Bandnudeln in reichlich kochendem Salzwasser nach Packungsangabe bissfest garen, anschließend in ein Sieb abgießen und kalt abschrecken.

2 Den Zucchino putzen und waschen. Die Möhren putzen und schälen. Die Paprikaschote längs halbieren, von Kerngehäuse und weißen Trennwänden befreien und waschen. Zwiebel und Knoblauch schälen. Das vorbereitete Gemüse sehr klein würfeln.

3 Den Backofen auf 170° vorheizen. Das Öl in einem Topf erhitzen und Zwiebel und Knoblauch darin glasig dünsten. Restliche Gemüsewürfelchen dazugeben, anbraten und mit Salz, Pfeffer, Paprika und 1 Prise Zucker kräftig würzen.

4 Das Gemüse mit den passierten Tomaten ablöschen, Thymianblättchen und Rosmarinnadeln abzupfen und in die Sauce geben. Diese nochmals aufkochen und mit Salz und Pfeffer abschmecken. Den Käse grob reiben. Nudeln und Gemüsesauce in eine Auflaufform (ca. 20 × 30 cm) geben und durchmengen. Mit der Milch übergießen und mit dem geriebenen Käse bestreuen.

5 Den Auflauf im heißen Ofen (Mitte) in 30 Min. überbacken, bis der Käse geschmolzen ist. Dann aus dem Ofen nehmen, auf vier Tellern anrichten und servieren.

KINDER-
LIEBLING

RISOTTO MILANESE

40 g helle Sesamsamen | 1 Zwiebel | 250 g Champignons oder Steinpilze | 1 EL Olivenöl | 250 g Vollkornrundkornreis | 100 ml trockener Weißwein | 800 ml heiße glutenfreie Gemüsebrühe (siehe Seite 91)
Für 4 Personen | 1 Std. Zubereitung

1 Den Sesam in einer Pfanne ohne Fett bei mittlerer Hitze rösten, bis er anfängt zu duften. Auf einen Teller schütten und beiseitestellen. Zwiebel schälen und fein würfeln. Pilze putzen, mit Küchenpapier gut abreiben und in Scheiben schneiden.

2 Das Öl in einem Topf erhitzen und die Zwiebel darin glasig dünsten. Pilze zugeben und mit anschwitzen. Reis zugeben, unter Rühren glasig dünsten, mit Wein ablöschen und diesen vollständig einkochen lassen.

3 Nun immer wieder eine Schöpfkelle Gemüsebrühe zugießen und unter Rühren bei mittlerer Hitze verkochen lassen, bevor der nächste Schöpfer zugegeben wird. Diesen Vorgang wiederholen, bis der Reis gar ist und das Risotto eine leicht breiige Konsistenz hat. Zum Schluss den Sesam unterziehen, das Risotto auf vier vorgewärmten Tellern anrichten und mit einem gemischten Salat servieren.

Nährwert pro Portion:

ca. 330 kcal	10 g Fett
9 g Eiweiß	48 g Kohlenhydrate

ROTE LINSEN mit Schafskäse

1 Zwiebel | 600 g gemischtes Gemüse (z. B. Lauch, Möhren, Auberginen) | 2 EL Olivenöl | 400 g rote Linsen | 800 ml glutenfreie Gemüsebrühe (siehe Seite 91) | 120 g Schafskäse (Feta) | 1 TL Currypulver | 1 Msp. gemahlener Koriander | Salz | Pfeffer | 1 EL gehackte glatte Petersilie

Für 4 Personen | 40 Min. Zubereitung

1 Die Zwiebel schälen und würfeln. Lauch putzen, längs aufschneiden, waschen und in Ringe schneiden. Die Möhren putzen, schälen und in Scheiben schneiden. Die Aubergine putzen, waschen und in 2 cm große Würfel schneiden.

2 Das Olivenöl in einem Topf erhitzen und das vorbereitete Gemüse darin andünsten.

3 Die Linsen in ein Haarsieb geben, waschen, kurz abtropfen lassen, zum Gemüse in den Topf geben und kurz mitdünsten. Die Gemüsebrühe angießen, aufkochen und die Linsen darin zugedeckt bei schwacher Hitze in 10–15 Min. garen. Eventuell etwas Wasser nachgießen.

4 Schafskäse würfeln, zu den Linsen geben und leicht schmelzen lassen. Die Linsen mit Curry, Koriander, Salz und Pfeffer abschmecken, auf vier Teller verteilen, mit der Petersilie bestreuen und z. B. mit Pellkartoffeln und Blattsalat servieren.

Nährwert pro Portion:

ca. 510 kcal | 13 g Fett
33 g Eiweiß | 65 g Kohlenhydrate

Sauerkraut stärkt mit viel Vitamin C das Immunsystem und ist ein darmgesunder Ballaststofflieferant. Etwas gemahlener Kümmel macht die unverdaulichen Kohlenhydrate bekömmlicher.

NUDEL-SAUERKRAUT-AUFLAUF

300 g Teffnudeln
Salz
100 g Zwiebeln
300 g Bio-Äpfel
1 EL Öl
400 g frisches Sauerkraut
1 Msp. gemahlener Koriander
1 Msp. gemahlener Kümmel
1 Lorbeerblatt
100 g Sahne
100 g Joghurt
1 Ei
Kräutersalz
Pfeffer
4 EL Sonnenblumenkerne
Außerdem:
Öl für die Auflaufform

Für 4 Personen
30 Min. Zubereitung
30 Min. Backen

1 Den Backofen auf 200° vorheizen. In einem großen Topf die Nudeln in reichlich kochendem Salzwasser nach Packungsangabe bissfest kochen.

2 Die Zwiebeln schälen und fein würfeln. Äpfel waschen, vierteln, von den Kerngehäusen befreien und grob würfeln. Das Öl in einem Topf erhitzen und die Zwiebeln darin andünsten. Apfelwürfel dazugeben und kurz mitbraten. Sauerkraut, Koriander, Kümmel und Lorbeerblatt dazugeben und den Topfinhalt zugedeckt bei schwacher Hitze 5 Min. durchziehen lassen. Lorbeerblatt entfernen.

3 Sahne, Joghurt und Ei verrühren und mit Kräutersalz und Pfeffer würzen. Die Nudeln in ein Sieb abgießen, kurz abtropfen lassen und anschließend abwechselnd mit dem Apfelkraut in eine gefettete Auflaufform schichten.

4 Den Auflauf mit dem Sahne-Ei-Guss übergießen, mit den Sonnenblumenkernen bestreuen und im heißen Backofen (Mitte) 20–30 Min. backen, bis der Guss gestockt ist. Den fertigen Nudelauflauf aus dem Ofen nehmen, auf vier vorgewärmte Teller verteilen und servieren.

Nährwert pro Portion:

- ca. 560 kcal
- 13 g Eiweiß
- 24 g Fett
- 70 g Kohlenhydrate

GENIALE
EIWEISS-
QUELLE

SCHARFER HÜLSENFRUCHT-TOPF

250 g gemischte getrocknete Hülsenfrüchte
1 Lorbeerblatt
2 TL gekörnte plus 200 ml angerührte glutenfreie Gemüsebrühe (siehe Seite 91)
2 Zwiebeln
1 Knoblauchzehe
1 rote Chilischote
1 kleine Stange Lauch
2 Möhren
200 g Kartoffeln | 1 EL Öl
400 g stückige Tomaten (aus der Dose)
100 g italienische TK-Kräuter
½ TL rosenscharfes Paprikapulver
Pfeffer | Salz
4 EL saure Sahne

Für 4 Personen
30 Min. Zubereitung
1 Std. Garen
12 Std. Einweichen

Nährwert pro Portion:

ca. 310 kcal
15 g Eiweiß
10 g Fett
40 g Kohlenhydrate

1 Die Hülsenfrüchte über Nacht in reichlich kaltem Wasser einweichen, dann in ein Sieb abgießen, mit 500 ml Wasser und dem Lorbeerblatt in einen großen Topf geben, zum Kochen bringen und zugedeckt bei schwacher bis mittlerer Hitze 1 Std. garen. Zum Ende der Garzeit die gekörnte Gemüsebrühe zugeben.

2 Inzwischen Zwiebeln und Knoblauch schälen. Die Chilischote waschen, längs halbieren und entkernen. Alle drei Zutaten fein würfeln. Den Lauch putzen, längs aufschneiden, waschen und in Ringe schneiden. Möhren putzen, schälen und klein würfeln. Kartoffeln waschen, schälen und ebenfalls klein würfeln.

3 Das Öl in einem Topf erhitzen und Zwiebel-, Knoblauch- und Chiliwürfel darin andünsten. Lauch, Möhren und Kartoffeln dazugeben und 5 Min. bei mittlerer Hitze mitdünsten. Gemüse mit der angerührten Brühe ablöschen und zugedeckt bei schwacher Hitze 15 Min. schmoren lassen.

4 Hülsenfrüchte und Tomaten zum Gemüse geben, mit Kräutern und Gewürzen abschmecken, erneut aufkochen und weitere 10 Min. bei schwacher Hitze köcheln lassen.

5 Den Eintopf auf vier Teller verteilen, mit je 1 EL saurer Sahne toppen und z. B. mit dem deftigen Kartoffelbrot von Seite 153 servieren.

GIGANDES-BOHNEN

in Tomatensauce

400 g getrocknete dicke weiße Bohnen
2 Zwiebeln
4 Knoblauchzehen
1 Stange Staudensellerie
250 g Tomaten
½ Bund gemischte Kräuter (z. B. Thymian, Salbei, Minze, Dill)
2 EL Olivenöl
800 g stückige Tomaten (aus der Dose)
100 ml glutenfreie Gemüsebrühe (siehe Seite 91)
2 EL Tomatenmark
Salz
Pfeffer

Für 4 Personen
40 Min. Zubereitung
30 Min. Backen
24 Std. Einweichen

Nährwert pro Portion:

- ca. 435 kcal
- 32 g Eiweiß
- 8 g Fett
- 57 g Kohlenhydrate

1 Die Bohnen in reichlich kaltem Wasser 24 Std. einweichen, anschließend abtropfen lassen, in einen Topf geben und mit frischem Wasser bedecken. Den Topfinhalt zum Kochen bringen und die Bohnen zugedeckt bei schwacher bis mittlerer Hitze in 30 Min. fast gar kochen, dann in ein Sieb abgießen und abtropfen lassen.

2 Zwiebeln und Knoblauch schälen. Den Staudensellerie waschen und putzen. Alle drei Zutaten fein würfeln. Die Tomaten kreuzweise einschneiden, in einer Schüssel mit kochendem Wasser überbrühen, 1 Min. ziehen lassen, dann mit dem Schaumlöffel herausheben, kalt abschrecken, häuten, von den Stielansätzen befreien und in Scheiben schneiden. Die Kräuter kalt abbrausen, trocken schütteln, die Blättchen abzupfen und diese hacken.

3 Den Backofen auf 180° vorheizen. 1 EL Olivenöl in einem Topf erhitzen, Zwiebeln, Knoblauch und Sellerie darin andünsten, dann die Tomatenwürfel zugeben und das Gemüse zugedeckt bei mittlerer Hitze ca. 10 Min. schmoren lassen. Gemüsebrühe, Tomatenmark, Kräuter sowie die Bohnen unterrühren, den Topfinhalt aufkochen und nochmals 10 Min. schmoren lassen.

4 Das Bohnengemüse mit Salz und Pfeffer abschmecken und in eine flache Auflaufform (ca. 28 × 22 cm) füllen. Den Auflauf mit den Tomatenscheiben belegen, mit Olivenöl beträufeln und im Backofen (Mitte) 30 Min. garen.

URLAUBS-
ERINNERUNG
AUS DEM TOPF

SO SCHMECKT
ALLEN FISCH

FISCHFILET MIT KRÄUTERKRUSTE

und italienischem Salat

¼ Bund Petersilie
1 Knoblauchzehe
1 kleine Zwiebel
½ TL Kräuter der Provence
40 g geriebener Parmesan
40 g gemahlene Mandeln
2–4 TL mittelscharfer Senf
2–3 EL Öl | 1 ½ Zitronen
800 g Rotbarschfilet
Salz | Pfeffer
100 ml Weißwein
1 kleiner Kopfsalat
1 rote Paprikaschote
1 Möhre
2 Frühlingszwiebeln
2 EL frisch gehackte Kräuter
10 g glutenfreie Stärke
2 EL Crème fraîche
Außerdem:
Butter für die Form

Für 4 Personen
45 Min. Zubereitung

Nährwert pro Portion:

ca. 415 kcal
42 g Eiweiß
21 g Fett
9 g Kohlenhydrate

1 Den Backofen auf 200° vorheizen. Petersilie waschen, trocken schütteln, Blättchen abzupfen und diese fein hacken. Knoblauch und Zwiebel schälen, sehr fein würfeln und mit Petersilie, Kräutern der Provence, Parmesan, Mandeln, Senf und 1–2 EL Öl zu einer Paste verrühren.

2 Zitronen auspressen. Fischfilet kalt abspülen, trocken tupfen, in 8 gleich große Stücke schneiden, mit zwei Dritteln des Zitronensafts beträufeln, salzen und pfeffern. Die Fischfiletstücke nebeneinander in eine gefettete ofenfeste Form (ca. 28 × 22 cm) legen und die Kräuterpaste darauf verteilen. Den Weißwein angießen und den Fisch im vorgeheizten Backofen (Mitte) in 20–30 Min. garen.

3 Inzwischen Kopfsalat putzen, zerpflücken, waschen und trocken schleudern. Paprika längs halbieren, von Kerngehäuse und weißen Trennwänden befreien, waschen und in Streifen schneiden. Möhre putzen, schälen und in Streifen schneiden. Frühlingszwiebeln putzen, waschen und in feine Ringe schneiden. Restlichen Zitronensaft, 1 EL Öl, Kräuter, Salz und Pfeffer verrühren und in einer Schüssel mit den vorbereiteten Salatzutaten vermischen.

4 Fisch aus dem Ofen nehmen, Filets auf eine Servierplatte setzen und im ausgeschalteten Ofen warm stellen. Den Sud aus der Form in einem Topf mit Salz und Pfeffer abschmecken und zum Kochen bringen. Die Stärke mit wenig kaltem Wasser glatt rühren und die Sauce damit binden, dann die Crème fraîche unterrühren. Den Fisch mit der Sauce und dem Salat anrichten und servieren.

CASSOULET MIT ROTBARSCH

200 g Lauch | 2 Möhren
100 g Staudensellerie
200 g mittelgroße festkochende Kartoffeln
1 kleine Zwiebel
2 Knoblauchzehen
je 2 Zweige Rosmarin und Thymian
2 EL Olivenöl
1 Lorbeerblatt
2 Gewürznelken
2 Wacholderbeeren
250 g weiße Bohnen (aus der Dose)
400 g stückige Tomaten (aus der Dose)
Salz | Pfeffer
500 g Rotbarschfilet
½ Bund Petersilie
2 EL glutenfreie Semmelbrösel | 10 g Butter

Für 4 Personen
1 Std. 15 Min. Zubereitung

Nährwert pro Portion:

- ca. 325 kcal
- 30 g Eiweiß
- 12 g Fett
- 23 g Kohlenhydrate

1 Den Lauch putzen, längs aufschneiden und waschen. Möhren putzen und schälen. Staudensellerie waschen und putzen. Kartoffeln waschen und schälen. Zwiebel und Knoblauch schälen. Das vorbereitete Gemüse klein würfeln.

2 Thymian und Rosmarin kalt abbrausen und trocken schütteln. Öl in einem großen Topf erhitzen und das vorbereitete Gemüse darin anbraten. Lorbeerblatt, Nelken, Wacholderbeeren, je 1 Zweig Thymian und Rosmarin zugeben, dann den Topfinhalt mit 750 ml Wasser ablöschen.

3 Die Bohnen in ein Sieb abgießen, mit Wasser abspülen, kurz abtropfen lassen und mit den Tomaten in den Topf geben. Das Gemüse salzen, pfeffern und bei mittlerer Hitze zugedeckt 30–40 Min. garen, dabei gelegentlich umrühren.

4 Inzwischen den Backofen auf 220° vorheizen. Rotbarsch kalt abspülen, mit Küchenpapier trocken tupfen und quer in 4 cm breite Streifen schneiden. Petersilie kalt abbrausen und trocken schütteln. Die Blättchen von Petersilie, restlichem Thymian und Rosmarin abzupfen bzw. abstreifen, fein hacken und mit den Semmelbröseln in einer kleinen Schüssel mischen.

5 Die Fischfilets auf dem Eintopf verteilen und die Kräuter-Brösel-Mischung darüber streuen. Butter in Flöckchen daraufsetzen. Cassoulet im heißen Backofen (2. Schiene von unten) 6–8 Min. knusprig bräunen, dann herausnehmen, auf vier Teller verteilen und sofort servieren.

SCHMECKT NACH
MEER, WIND
UND SONNE

GEMISCHTE FISCHSPIESSE

mit Kartoffelsalat

4–6 Holz-Schaschlikspieße
600 g gemischtes Fischfilet
1 Zitrone | Tabasco
400 g Tomaten
200 g große Champignons
1 grüne Paprikaschote
½ Bund Dill
125 g Silberzwiebeln (Glas)
2 EL glutenfreie Sojasauce
Salz
1 kg festkochende Kartoffeln
1 kleine Zwiebel
50 ml glutenfreier Branntweinessig
100 ml warme glutenfreie Fleischbrühe
Pfeffer | 1 TL Zucker | 4 EL Öl
1 TL mittelscharfer Senf
1 EL Schnittlauchröllchen

Für 4 Personen
1 Std. 15 Min. Zubereitung
1 Std. Marinieren

Nährwert pro Portion:

- ca. 455 kcal
- 36 g Eiweiß
- 17 g Fett
- 39 g Kohlenhydrate

1 Spieße in Wasser legen. Fischfilet kalt abspülen, trocken tupfen und 3 cm groß würfeln. Zitrone auspressen, Saft und 2 Spritzer Tabasco über den Fisch träufeln und diesen anschließend 10 Min. ziehen lassen.

2 Inzwischen Tomaten waschen, vierteln und von Stielansätzen und Kernen befreien. Pilze putzen und vierteln. Paprika längs halbieren, putzen, waschen und in etwa 3 cm große Stücke schneiden. Dill kalt abbrausen, trocken schütteln, die Blättchen fein hacken. Silberzwiebeln in einem Sieb abtropfen lassen.

3 Fisch, Tomaten, Pilze, Paprika und Zwiebeln abwechselnd auf die Spieße stecken. Sojasauce mit Dill und Salz verrühren, die Spieße damit bepinseln und diese 1 Std. zugedeckt kalt stellen.

4 Inzwischen die Kartoffeln waschen, in kochendem Wasser bei mittlerer Hitze zugedeckt in 30–40 Min. garen, abgießen, pellen, gut auskühlen lassen, in hauchdünne Scheiben schneiden und in eine Salatschüssel geben.

5 Die Zwiebel schälen, sehr klein würfeln und zu den Kartoffeln geben. Essig, Brühe, 1 TL Salz, Pfeffer, Zucker, 3 EL Öl und Senf verquirlen, mit den Kartoffeln gut vermischen. Salat mit Schnittlauch bestreuen und 10 Min. ziehen lassen.

6 Restliches Öl in einer beschichteten Pfanne erhitzen, die Spieße darin bei mittlerer Hitze rundherum in 3–4 Min. anbraten und mit dem Salat servieren.

AUCH WUNDERBAR
VOM GRILL

GERNE AUCH MIT
DORADE ODER
THUNFISCH

REISPFANNE MIT LACHS

2 Tassen Basmati-Reis (ca. 400 g)
1 Zwiebel
2 Lorbeerblätter
3 Nelken
2 EL Öl
Currypulver
100 g TK-Blattspinat
1 Knoblauchzehe
1 kleine rote Peperoni
1 kleine Stange Lauch
4 Lachsfilets (à 125 g)
2 EL Zitronensaft
Salz
Pfeffer
100 ml glutenfreie Gemüsebrühe (siehe Seite 91)

Für 4 Personen
55 Min. Zubereitung

Nährwert pro Portion:

ca. 660 kcal
34 g Eiweiß
24 g Fett
77 g Kohlenhydrate

1 Den Backofen auf 190° vorheizen. Den Reis in einem Haarsieb waschen und abtropfen lassen. Die Zwiebel schälen und die Lorbeerblätter mit den Nelken daran feststecken. 1 EL Öl in einem ofenfesten Topf erhitzen und den Reis darin glasig dünsten. 3 Tassen (ca. 600 ml) heißes Wasser zugeben. Die Zwiebel dazugeben, den Reis mit Salz und Currypulver würzen und anschließend in 45 Min. zugedeckt im heißen Backofen (Mitte) garen.

2 Den Spinat nach Packungsangabe auftauen. Den Knoblauch schälen und durch die Presse drücken. Peperoni waschen, längs halbieren, entkernen und in feine Streifen schneiden. Den Lauch putzen, längs aufschneiden, gründlich waschen und in Ringe schneiden.

3 Den Lachs kalt abspülen, trocken tupfen, mit Zitronensaft beträufeln und mit Salz und Pfeffer würzen. Das restliche Öl in einer Pfanne erhitzen und den Lachs darin bei mittlerer Hitze 5–8 Min. braten, herausnehmen und warm stellen.

4 Das vorbereitete Gemüse in die Pfanne geben, anbraten und mit der Brühe ablöschen. Den Reis aus dem Ofen nehmen und ohne die Zwiebel mit in die Pfanne geben. Gemüse und Reis gut miteinander vermengen und mit Salz und Pfeffer abschmecken. Den Lachs auf den Reis legen und mit einem knackigen Blattsalat servieren.

PETTI DI POLLO al limone

Für das Fleisch:
3 Bio-Zitronen
4 Stängel Oregano
1 Bund Petersilie
600 g Hähnchenbrustfilet
Salz
Pfeffer
2 EL Olivenöl
200 ml Marsala
oder Weißwein
200 ml Sahne
½ Würfel glutenfreie
Hühnerbrühe

Für den Salat:
1 Bio-Salatgurke
50 ml Weißweinessig
1 EL Öl
1 TL Salz
1 TL Zucker
1 TL mittelscharfer Senf
1 EL gehackter Dill

Für 4 Personen
1 Std. Zubereitung

Nährwert pro Portion:

- ca. 455 kcal
- 37 g Eiweiß
- 26 g Fett
- 9 g Kohlenhydrate

1 Die Zitronen heiß waschen und abtrocknen. Von 1 Zitrone die Schale abreiben und den Saft auspressen. Von den restlichen beiden Zitronen mit einem scharfen Messer die Schale samt der weißen Haut bis ins Fruchtfleisch abschneiden, dann vorsichtig die Filets zwischen den weißen Trennhäutchen herauslösen und beiseitestellen. Die Kräuter kalt abbrausen, trocken schütteln, die Blättchen abzupfen und diese fein hacken.

2 Das Hähnchenbrustfilet kalt abspülen, mit Küchenpapier trocken tupfen und mit Salz und Pfeffer würzen. Das Olivenöl in einer Pfanne erhitzen und das Hähnchenfleisch darin bei starker Hitze in 5–8 Min. rundherum anbraten.

3 Die Filets mit Marsala oder Weißwein ablöschen. Die Flüssigkeit aufkochen, bei mittlerer Hitze etwas einkochen lassen, den Zitronensaft und etwas Zitronenschale dazugeben und den Pfanneninhalt zugedeckt bei schwacher Hitze 15–20 Min. köcheln lassen.

4 Inzwischen für den Salat die Gurke waschen und hobeln. Essig, 100 ml Wasser, Öl, Salz, Zucker, Senf und Dill zu einem Dressing verquirlen, dieses über die Gurkenscheiben gießen und den Salat kurz durchmischen.

5 Das Fleisch aus der Sauce nehmen und warm stellen. Die Sahne, den Hühnerbrühwürfel und die gehackten Kräuter zur Sauce geben und diese aufkochen lassen. Zum Schluss die Zitronenfilets unterrühren. Das Fleisch auf vier Tellern anrichten, mit der Sauce übergießen und mit dem Gurkensalat sowie Naturreis servieren.

GRÜSSE AUS
BELLA ITALIA

CHICKEN WINGS

mit Paprika-Sesam-Kümmel-Kartoffeln

Für die Chicken Wings:
20 Hähnchenflügel
250 g glutenfreies Ketchup
1 TL edelsüßes Paprikapulver
4 EL Limettensaft
4 EL Weißweinessig
Salz
Pfeffer
1 EL flüssiger Honig

Für die Kartoffeln:
1,2 kg kleine neue Kartoffeln
1 EL Öl
Salz
1 TL edelsüßes Paprikapulver
1 EL Sesamsamen
1 EL Kümmelsamen

Für 4 Personen
25 Min. Zubereitung
45 Min. Garen
12 Std. Marinieren

1 Die Hähnchenflügel kalt abspülen und mit Küchenpapier trocken tupfen. Ketchup mit Paprikapulver, Limettensaft, Essig, Salz, Pfeffer und Honig in einer großen Schüssel verrühren. Die Flügel in der Marinade wenden und abgedeckt über Nacht im Kühlschrank marinieren

2 Anschließend den Backofen auf 220° Ober-/Unterhitze vorheizen. Die Marinade von den Flügeln abstreifen und diese auf ein mit Backpapier belegtes Backblech legen. Die Backofentemperatur auf 180° Umluft reduzieren. Die Flügel im heißen Backofen (Mitte) 30 Min. braten, wenden und anschließend weitere 10–15 Min. braten.

3 Inzwischen die Kartoffeln gründlich waschen, längs halbieren und mit der Schnittfläche nach oben auf ein mit Backpapier ausgelegtes Backblech legen. Die Schnittflächen mit dem Öl bepinseln, salzen und je ein Drittel mit Paprikapulver, Sesam und Kümmel bestreuen. Die Kartoffeln auf der unteren Schiene zu den Chicken Wings in den Ofen schieben und in 30–35 Min. garen. Chicken Wings und Kartoffeln auf vier Tellern anrichten und mit einer großen Schüssel grünem Salat servieren.

Nährwert pro Portion:

- ca. 710 kcal
- 44 g Eiweiß
- 32 g Fett
- 60 g Kohlenhydrate

DER HIT
FÜR KIDS

GEFÜLLTES RINDERFILET

mit glasierten Möhren

4 Salbeiblätter
2 Zweige Majoran
5 EL gehackte Petersilie
4 EL gehacktes Basilikum
2 EL geriebener Parmesan
2 EL glutenfreie Semmelbrösel
Salz | Pfeffer
800 g Rinderfilet
2 EL Olivenöl
300 ml Tomatensaft
200 ml trockener Rotwein
500 g Möhren
1 Schalotte
1 EL Rapsöl
200 ml glutenfreie Gemüsebrühe (siehe Seite 91)
1 TL Zucker
4 Holzzahnstocher

Für 4 Personen
1 Std. 30 Min. Zubereitung

Nährwert pro Portion:

- ca. 420 kcal
- 46 g Eiweiß
- 17 g Fett
- 14 g Kohlenhydrate

1 Backofen auf 180° vorheizen. Salbei und Majoran kalt abbrausen, trocken schütteln. Gehackte Kräuter bis auf 1 EL Petersilie mit Parmesan, Semmelbröseln, Salz und Pfeffer mischen. Das Fleisch trocken tupfen, der Länge nach einschneiden, mit der Kräutermasse füllen. Die Naht mit Zahnstochern verschließen. Öl in einem Bräter erhitzen, Salbei und Majoran darin anbraten. Filet dazugeben und bei starker Hitze von allen Seiten kräftig anbraten. Tomatensaft mit Wein mischen. Die Hälfte davon in kleinen Portionen zum Fleisch geben, dabei die Flüssigkeit dazwischen immer wieder einkochen lassen. Bräter in den Backofen (Mitte) stellen und das Fleisch offen in 45 Min. garen.

2 Filet aus dem Bräter nehmen und warm stellen. Bräter auf den Herd stellen, den Fond mit dem restlichen Wein-Gemisch in kleinen Portionen aufgießen und offen bei starker Hitze immer wieder etwas einkochen lassen, bis eine sämige Sauce entstanden ist. Diese salzen und pfeffern.

3 Möhren putzen, schälen und in Stäbchen schneiden. Schalotte schälen und würfeln. Öl in einem Topf erhitzen, die Schalotte darin anschwitzen. Möhren dazugeben, kurz mitdünsten, wenig Brühe angießen, Möhren mit Zucker und Salz würzen und zugedeckt bei schwacher Hitze in 12–15 Min. garen, dabei immer wieder etwas Brühe nachgießen, Möhren aus dem Topf heben, den Fond sirupartig einkochen. Möhren zurück in den Topf geben, im Fond schwenken und mit gehackter Petersilie bestreuen. Filet in Scheiben schneiden, mit der Sauce und den Möhren auf vier Tellern anrichten und servieren.

FESTLICH
UND EDEL

VITAMIN C
FÜR DIE
ABWEHR-
KRÄFTE

RINDERLENDE MIT PAPRIKAMIX

300 g Rinderlende
1 TL glutenfreie Speisestärke
1 TL glutenfreie Hoisinsauce
1 TL + 1 EL glutenfreie Sojasauce
1 TL Sesamöl
1 Stück frischer Ingwer (ca. 4 cm)
4 Knoblauchzehen
je 1 rote, gelbe und grüne Paprikaschote
1 Bund Frühlingszwiebeln
2 EL Öl
200 ml glutenfreie Gemüsebrühe (siehe Seite 91)
1 EL Apfelessig
2 EL Reiswein oder Sherry
1 TL Honig

Für 4 Personen
35 Min. Zubereitung

Nährwert pro Portion:

- ca. 235 kcal
- 20 g Eiweiß
- 10 g Fett
- 13 g Kohlenhydrate

1 Das Fleisch kalt abspülen, trocken tupfen und in feine Streifen schneiden. Die Stärke mit Hoisinsauce, 1 TL Sojasauce und dem Sesamöl in einer Schüssel glatt verrühren, das Fleisch dazugeben und gut mit der Marinade mischen.

2 Ingwer und Knoblauchzehen schälen und fein hacken. Die Paprikaschoten längs halbieren, von Kerngehäusen und weißen Trennwänden befreien, waschen und in feine Streifen schneiden. Die Frühlingszwiebeln putzen, waschen und in Ringe schneiden.

3 Das Öl in einer großen Pfanne oder im Wok erhitzen und die Fleischstreifen darin 2 Min. anbraten. Die Hälfte des Ingwers und Knoblauchs dazugeben. Den Wokinhalt mit einem Schaumlöffel auf einen Teller geben und beiseitestellen.

4 Im verbliebenen Fett, Paprika, Frühlingszwiebeln sowie restlichen Ingwer und Knoblauch bei mittlerer Hitze andünsten. Das Gemüse mit der Brühe ablöschen. Restliche Sojasauce, Essig, Reiswein oder Sherry sowie den Honig dazugeben und aufkochen. Erst jetzt die Fleischstreifen unterheben und heiß werden lassen. Den Fleisch-Paprika-Mix auf vier Tellern anrichten und mit Basmatireis servieren.

ZERGEHT AUF
DER ZUNGE

KALBSROULADE mit cremiger Sauce

300 g frischer Blattspinat (ersatzweise TK-Blattspinat)
Salz
8 Salbeiblätter
80 g Mozzarella
4 Kalbsschnitzel (à 150 g)
Pfeffer
4 Scheiben Parmaschinken (à 10 g)
2 EL Olivenöl
500 ml glutenfreie Gemüsebrühe (siehe auch Seite 91)
20 g glutenfreie Speisestärke
100 ml Milch
50 ml trockener Weißwein
2 EL Schmand
1 EL Schnittlauchröllchen
Außerdem:
4 Holzzahnstocher

Für 4 Personen
45 Min. Zubereitung

Nährwert pro Portion:

- ca. 345 kcal
- 40 g Eiweiß
- 16 g Fett
- 7 g Kohlenhydrate

1 Frischen Spinat verlesen, waschen und die groben Stiele abzwicken. In einem großen Topf 300 ml Salzwasser zum Kochen bringen, den Spinat dazugeben und zugedeckt darin in 2 Min. zusammenfallen lassen. Den Spinat in ein Sieb abgießen, abtropfen lassen und fein hacken. TK-Spinat nach Packungsangabe auftauen und abtropfen lassen. Die Salbeiblätter kalt abbrausen und trocken tupfen. Den Mozzarella abtropfen lassen und klein würfeln.

2 Die Kalbsschnitzel kalt abspülen, trocken tupfen, sehr flach klopfen und mit Salz und Pfeffer würzen. Jedes Schnitzel mit 1 Scheibe Parmaschinken, 2 Salbeiblättern und je einem Viertel von Mozzarella und Spinat belegen. Die Schnitzel von der schmalen Seite her aufrollen, mit je 1 Zahnstocher feststecken und mit 1 EL Olivenöl beträufeln.

3 Restliches Olivenöl in einer beschichteten Pfanne erhitzen und die Kalbsrouladen darin rundherum bei mittlerer Hitze 10 Min. anbraten. Die Rouladen aus der Pfanne nehmen, in eine Auflaufform legen und im auf 100° vorgeheizten Backofen warm stellen.

4 Die Brühe in die Pfanne gießen, aufkochen und 2 Min. bei mittlerer Hitze köcheln lassen. Die Stärke mit der Milch glatt rühren, die Mischung in die Pfanne geben, die Sauce aufkochen und köcheln lassen, bis sie leicht andickt. Dann Wein, Schmand und Schnittlauch unterrühren. Die Rouladen in die Sauce geben und darin kurz heiß werden lassen. Rouladen und Sauce auf vier Tellern anrichten und beispielsweise mit glutenfreien Bandnudeln und Gemüse servieren.

SCHWEINEFLEISCH SÜSS-SAUER

150 g Ananas
100 ml Orangensaft
1 kleine Salatgurke
200 g kleine Tomaten
200 g Schweinefilet
1 EL Öl
1 EL glutenfreies Mango-chutney (aus dem Glas)
2 EL Apfelessig
1 TL Honig
1 EL glutenfreie Sojasauce
Salz
1 EL glutenfreie Speisestärke

Für 4 Personen
30 Min. Zubereitung

Nährwert pro Portion:

- ca. 140 kcal
- 12 g Eiweiß
- 4 g Fett
- 11 g Kohlenhydrate

1 Die Ananas schälen, vom Strunk befreien und in kleine Stücke schneiden, dabei den Saft auffangen. Zum Orangensaft geben. Die Gurke schälen und längs halbieren. Mit einem Löffel die Kerne herauskratzen und die Gurke quer in ½ cm dicke Scheiben schneiden. Die Tomaten waschen, vierteln und die Stielansätze entfernen.

2 Das Fleisch kalt abspülen, trocken tupfen und in feine Streifen schneiden. Das Öl in einer großen Pfanne oder im Wok erhitzen und das Fleisch darin ca. 3 Min. unter ständigem Rühren anbraten, dann an den Rand schieben.

3 Ananasstücke und Orangen-Ananas-Saft zum Fleisch geben und den Bratensatz unter Rühren loskochen. Die Gurke und die Tomaten dazugeben, den Pfanneninhalt kurz aufkochen lassen, anschließend alle Zutaten in der Pfanne miteinander vermischen.

4 Mangochutney, Essig, Honig und die Sojasauce dazugeben, das Gericht aufkochen lassen und mit Salz abschmecken. Stärke mit 2 EL kaltem Wasser glatt rühren und in die Pfanne geben. Den Pfanneninhalt so lange weiterköcheln lassen, bis die Sauce leicht gebunden ist. Das Geschnetzelte auf vier vorgewärmten Tellern anrichten und Basmati- oder Naturreis dazu servieren.

FRUCHTIGER
ASIA-
KLASSIKER

SCHOKOLADENPARFAIT

mit Vanillesauce

2 zimmerwarme Eier
40 g Puderzucker
1 EL Orangenlikör oder Orangensaft
1 EL Kakaopulver
1 TL glutenfreier Instantkaffee
abgeriebene Bio-Zitronenschale, nach Geschmack
375 g Sahne
50 g Schokoraspel
250 ml Milch
1 gestrichener EL glutenfreie Speisestärke
1 Vanilleschote
1 EL Zucker
2 cl Eierlikör (nach Belieben)

Für 4 Personen
1 Std. Zubereitung
4 Std. Kühlen

Nährwert pro Portion:

ca. 520 kcal
9 g Eiweiß
39 g Fett
31 g Kohlenhydrate

1 Für das Parfait die Eier mit dem Puderzucker, dem Likör bzw. Saft, dem Kakao, dem Kaffee und dem Zitronenabrieb mit den Quirlen des Handrührgeräts zu einer dick schaumigen Creme aufschlagen. 250 g Sahne steif schlagen und mit dem Teigspatel unter die Creme ziehen. Die Schokoraspel vorsichtig unterheben.

2 Die Creme in eine Edelstahl- oder Porzellanschüssel füllen und für 4 Std. in das Gefrierfach des Kühlschranks oder in den Tiefkühler stellen. Während dieser Zeit das Parfait immer wieder kräftig mit dem Schneebesen durchrühren, damit sich keine Eiskristalle bilden.

3 Für die Sauce 2 EL von der Milch abnehmen und damit die Stärke glatt rühren. Die Vanilleschote mit einem spitzen scharfen Messer längs aufschlitzen und das Mark herauskratzen. Vanillemark und -schote mit der restlichen Milch und dem Zucker in einen Topf geben, aufkochen und ca. 15 Min. auf der ausgeschalteten Herdplatte ziehen lassen. Die Vanilleschote herausnehmen, die Milch nochmals aufkochen, die Stärke einrühren und die Sauce dann köcheln lassen, bis sie leicht eindickt.

4 Die Sauce kalt stellen und 125 g Sahne steif schlagen. Sahne und nach Belieben den Eierlikör unter die kalte Sauce rühren. Die Parfaitform in heißes Wasser tauchen, das Parfait auf eine Platte stürzen und mit einem in heißes Wasser getauchten Messer in Scheiben schneiden. Parfaitscheiben mit der Vanillesauce auf Desserttellern anrichten.

VERBOTEN
LECKER

REISFLAMMERI

180 g Milchreis | 1 l Milch | 20 g Butter | 80 g Zucker | 1 TL abgeriebene Bio-Zitronen oder -Orangenschale | 2 Eiweiß | Salz
Für 4 Personen | 10 Min. Zubereitung | 40 Min. Garen | 6 Std. Kühlen

1 Backofen auf 120° vorheizen. Reis verlesen, in einem Sieb mit kaltem Wasser spülen, kurz abtropfen lassen und mit Milch, Butter, Zucker und der Zitrusfruchtschale in einen ofenfesten Topf geben.

2 Den Deckel auf den Topf legen und den Milchreis im heißen Backofen (Mitte) in ca. 40 Min. garen. Nach der Garzeit den Reis vorsichtig umrühren. Sind die Körner noch hart, den Reis noch ein paar Minuten weitergaren. Sobald der Reis weich ist, den Topf aus dem Ofen nehmen.

3 Die Eiweiße mit 1 Prise Salz zu steifem Schnee schlagen und unter den Reis heben. Flammeri in kalt ausgespülte Förmchen oder kleine Tassen füllen, 6 Std. kalt stellen, auf vier Dessertteller stürzen und mit Schokosauce oder Kompott servieren.

Nährwert pro Portion:

ca. 435 kcal	13 g Fett
12 g Eiweiß	68 g Kohlenhydrate

Schnelles BEERENEIS

250 g gemischte TK-Beeren (z. B. Himbeeren, Heidelbeeren, Erdbeeren, Rote Johannisbeeren) | 2 EL (Puder-)Zucker | 100–150 g Joghurt
Für 4 Personen | 30 Min. Zubereitung

1 Die Beeren in eine Schüssel geben und ca. 25 Min. leicht antauen lassen, sodass sie trotzdem noch eiskalt und fest sind.

2 Anschließend die angetauten Beeren mit dem (Puder-)Zucker und dem Joghurt in einen hohen Mixbecher geben und mit dem Stabmixer glatt pürieren.

3 Das schnelle Beereneis mit einem in heißes Wasser getauchten Löffel auf vier Dessertschalen verteilen und sofort servieren.

TIPP:

Bereiten Sie das Eis statt mit Joghurt auch mal mit der gleichen Menge Buttermilch, saurer Sahne oder Sahne zu.

Nährwert pro Portion:

ca. 50 kcal	2 g Fett
2 g Eiweiß	7 g Kohlenhydrate

ERDBEER-TIRAMISU

1 Päckchen glutenfreies Vanille-Puddingpulver
250 ml Milch (1,5 % Fett)
120 g Zucker
1 kg Erdbeeren
100 g Sahne
200 g Magerquark
3 EL Mandellikör (nach Belieben)
24 glutenfreie Löffelbiskuits
250 ml Orangensaft
4 EL gehackte Pistazienkerne

Für 4 Personen
45 Min. Zubereitung
4 Std. Kühlen

Nährwert pro Portion:

- ca. 635 kcal
- 18 g Eiweiß
- 15 g Fett
- 90 g Kohlenhydrate

1 Den Vanillepudding nach Packungsangabe, allerdings nur mit 250 ml Milch und 40 g Zucker, zubereiten. Den Pudding in eine Schüssel füllen und Frischhaltefolie direkt auf die Puddingoberfläche legen, damit sich keine Haut bildet. Den Pudding kalt stellen, bis er völlig abgekühlt ist.

2 Inzwischen die Erdbeeren waschen, putzen und vierteln oder in Scheiben schneiden.

3 Die Sahne steif schlagen. Magerquark, restlichen Zucker und nach Belieben den Likör in eine Schüssel geben und mit den Quirlen des Handrührgeräts cremig aufschlagen, dabei löffelweise den kalten Pudding unterrühren. Zum Schluss die geschlagene Sahne unter die Creme heben.

4 Die Hälfte der Löffelbiskuits in eine rechteckige Auflaufform (ca. 28 × 22 cm) legen und mit der Hälfte des Orangensafts beträufeln. Die Biskuits mit der Hälfte der Erdbeeren und der Hälfte der Creme bedecken. Dann die restlichen Löffelbiskuits darauflegen, mit Orangensaft beträufeln, Erdbeeren und Creme daraufschichten und zum Schluss mit den gehackten Pistazien bestreuen. Tiramisu vor dem Servieren mindestens 4 Std. abgedeckt kalt stellen.

NICHT NUR EIN
KINDER-
LIEBLING

APFELGRÜTZE mit Zimtjoghurt

700 g Bio-Äpfel mit rötlicher Schale
1 Bio-Zitrone
200 ml naturtrüber Apfelsaft
30 g Zucker
1 Päckchen Vanillezucker
2 TL Zimtpulver
10 g glutenfreie Speisestärke
200 g Joghurt
4 Blättchen Zitronenmelisse

Für 4 Personen
20 Min. Zubereitung
30 Min. Kühlen

Nährwert pro Portion:

- ca. 170 kcal
- 2 g Eiweiß
- 2 g Fett
- 32 g Kohlenhydrate

1 Die Äpfel waschen, vierteln, vom Kerngehäuse befreien und in Spalten schneiden. Die Zitrone auspressen, die Hälfte des Safts mit den Apfelspalten, dem Apfelsaft, 20 g Zucker, dem Vanillezucker und 1 TL Zimt in einen Topf geben, aufkochen und anschließend offen in ca. 10 Min. bei mittlerer Hitze bissfest garen.

2 Die Speisestärke mit 3 EL kaltem Wasser glatt rühren, in die Apfelmasse rühren und diese einmal aufkochen lassen, bis sie andickt. Die Apfelgrütze auf vier Glasschälchen verteilen und mindestens 30 Min. kalt stellen.

3 Den Joghurt in einer Schüssel mit restlichem Zitronensaft, Zimt und Zucker verrühren. Den Zimtjoghurt auf der kalten Grütze verteilen, jede Portion mit je 1 Melisseblättchen garnieren und servieren.

SCHMECKT
AUCH PRIMA ZU
WAFFELN

BUNTE OBSTFÄCHER mit Erdbeersauce

250 g Erdbeeren | 100 g Kiwi | 100 g Mango | 100 g Birne | 2 EL Zitronensaft | 3 TL Kirschwasser | 1 EL Zucker | Zimtpulver | Zitronenmelisse für die Garnitur
Für 4 Personen | 20 Min. Zubereitung

1 Die Erdbeeren waschen und putzen. Die Kiwis schälen. Die Mango schälen und das Fruchtfleisch am Stein entlang abschneiden. Die Birne vierteln, schälen und das Kerngehäuse herausschneiden.

2 Die Erdbeeren mit dem Zitronensaft und dem Kirschwasser in einen hohen Mixbecher geben und mit dem Stabmixer zu einer feinen Sauce pürieren. Anschließend die Sauce mit Zucker abschmecken und auf vier Dessertteller verteilen.

3 Kiwi in Scheiben, Mango und Birne in Spalten schneiden. Die Früchte fächerförmig auf der Erdbeersauce anrichten, mit etwas Zimt bestreuen, mit der Zitronenmelisse garnieren und servieren.

Nährwert pro Portion:

ca. 75 kcal	0 g Fett
1 g Eiweiß	13 g Kohlenhydrate

BISKUITWAFFELN

2 Eier | Salz | 1 TL Vanillezucker | 2 EL Zucker | 60 g Maisstärke | 1 Msp. Backpulver | Fett für das Waffeleisen

Für 4 Personen | 50 Min. Zubereitung

1 Das Waffeleisen auf mittlerer Stufe vorheizen. Die Eier trennen. Die Eiweiße mit 1 EL kaltem Wasser und 1 Prise Salz mit den Quirlen des Handrührgeräts steif schlagen. Anschließend den Vanillezucker mit dem Zucker mischen und unter ständigem Weiterschlagen langsam in den Eischnee rieseln lassen.

2 Die Eigelbe vorsichtig unterheben, bis die Masse gleichmäßig gelb ist. Die Stärke und das Backpulver darüber sieben und mit einem Schneebesen unterziehen.

3 Das Waffeleisen fetten. 3 EL Teig in die Mitte der unteren Backfläche geben, das Waffeleisen schließen und die Waffel darin goldbraun backen. Die Waffel herausnehmen, auf ein Kuchengitter legen und im 80° warmen Backofen warm stellen.

4 Auf die gleiche Art und Weise aus dem restlichen Teig weitere Waffeln backen und diese mit Kompott, Obstsalat, Vanilleeis oder mit Puderzucker bestäubt servieren.

Nährwert pro Portion:

ca. 145 kcal	5 g Fett
5 g Eiweiß	20 g Kohlenhydrate

GENUSS AUF
WOLKE 7

QUARKSOUFFLÉ MIT HIMBEERSAUCE

3 Eier
250 g Magerquark
50 g Puderzucker
1 EL Vanillezucker
Salz
1 TL abgeriebene Bio-Zitronenschale
125 g Sahne
20 g Maismehl
20 g glutenfreie Speisestärke
400 g Himbeeren
1 EL Zitronensaft
2 EL flüssiger Honig
1 EL Crème fraîche
Außerdem:
1 ofenfeste Form mit hohem Rand (ca. 1 l Inhalt)
Butter und Puderzucker für die Form

Für 4 Personen
30 Min. Zubereitung
45 Min. Backen

Nährwert pro Portion:

- ca. 400 kcal
- 16 g Eiweiß
- 17 g Fett
- 43 g Kohlenhydrate

1 Den Backofen auf 200° vorheizen und die Form gut mit Butter einfetten. Für das Soufflé die Eier trennen und die Eiweiße kühl stellen. Den Quark mit den Eigelben, der Hälfte des Puderzuckers, dem Vanillezucker, 1 Prise Salz und dem Zitronenabrieb gut verrühren. Die Sahne steif schlagen. Die Eiweiße zu steifem Schnee schlagen und dabei den Rest des Puderzuckers einstreuen.

2 Die Sahne und den Eischnee auf die Quarkmasse geben. Das Maismehl und die Stärke darüber sieben. Alles mit dem Schneebesen vorsichtig unterziehen. Nicht rühren, sonst fällt die Masse zusammen.

3 Die Form mit Puderzucker ausstreuen. Die Soufflémasse einfüllen und im heißen Backofen (2. Schiene von unten) ca. 45 Min. backen.

4 In der Zwischenzeit für die Sauce die Himbeeren durch ein Sieb streichen und das Püree mit Zitronensaft, Honig und Crème fraîche verrühren. Das Soufflé aus dem Ofen nehmen, auf vier Desserttellern mit der Himbeersauce anrichten und servieren.

CRÊPES MIT ORANGENSAUCE

Für die Crêpes:
40 g Butter
150 ml Milch
50 g Sahne
25 g Maismehl
50 g glutenfreie Speisestärke
Salz
2 Eier

Für die Sauce:
3 Bio-Orangen
10 g Butter
50 g Zucker
1 EL Zitronensaft
2 cl Orangenlikör (nach Belieben)

Für 6 Personen
40 Min. Zubereitung

Nährwert pro Portion:

- ca. 245 kcal
- 4 g Eiweiß
- 13 g Fett
- 27 g Kohlenhydrate

1 Für die Crêpes die Butter zerlassen. Milch und Sahne in eine Schüssel geben. Das Mehl und die Stärke darüber sieben, 1 Prise Salz zugeben und alles mit dem Schneebesen gut durchschlagen bis ein glatter Teig entstanden ist, dann die Eier unterrühren. 2 EL der geschmolzenen Butter tropfenweise dazugeben und so lange rühren, bis sie sich ganz mit dem Teig verbunden hat.

2 Eine beschichtete Pfanne (16 cm Ø) erhitzen und mit etwas zerlassener Butter auspinseln. ½ Schöpfkelle Teig in die Pfanne geben und durch Schwenken am Pfannenboden verteilen (Bild 1). Den Deckel auf die Pfanne legen und den Crêpe an der Unterseite bei mittlerer Hitze backen, bis er unten leicht bräunt und oben fast gestockt ist, dann wenden und offen auf der zweiten Seite fertig backen. Aus dem restlichen Teig auf die gleiche Art und Weise weitere Crêpes backen und diese warm stellen.

3 Für die Sauce mit einem scharfen Messer von den Orangen die Schale samt der weißen Haut bis ins Fruchtfleisch abschneiden (Bild 2) und die Fruchtfilets zwischen den weißen Trennhäutchen herauslösen (Bild 3), dabei den Saft in einem Teller auffangen.

4 Die Butter in die Pfanne geben, bei mittlerer Hitze zerlassen und den Zucker unter Rühren darin schmelzen. Mit dem Orangen- und Zitronensaft ablöschen. Die Orangenfilets zugeben, die Sauce nach Belieben mit dem Likör verfeinern und kurz auf der ausgeschalteten Herdplatte ziehen lassen. Die Crêpes zweimal falten und auf vier vorgewärmten Tellern mit der Sauce anrichten (Bild 4).

EINE SÜNDE WERT

Wer eine spezielle Crêpesplatte oder -pfanne besitzt, kann natürlich die Crêpes auch darin backen.

HELLE Mehlmischung

150 g Maismehl | 150 g Klebreismehl aus Rundkornreis | 125 g Maisstärke | 75 g Tapiokamehl | 5 g Guarkernmehl | 5 g gemahlene Flohsamenschalen | 15 g BallastoMaxx

Für 525 g | 5 Min. Zubereitung

1 Alle Zutaten in einer großen Schüssel gut miteinander vermengen und zum Aufbewahren in eine dicht schließende Plastik- oder Metalldose geben.

Nährwert pro 100 g:

ca. 325 kcal	1 g Fett
7 g Eiweiß	71 g Kohlenhydrate

DUNKLE Mehlmischung

100 g Buchweizenmehl | 100 g Hirsemehl | 100 g gemahlener roter Quinoa oder Teffmehl | 125 g Maisstärke | 75 g Tapiokamehl | 5 g Guarkernmehl | 5 g gemahlene Flohsamenschalen

Für 510 g | 5 Min. Zubereitung

1 Alle Zutaten in einer großen Schüssel gut miteinander vermengen und zum Aufbewahren in eine dicht schließende Plastik- oder Metalldose geben.

Nährwert pro 100 g:

ca. 340 kcal	2 g Fett
8 g Eiweiß	71 g Kohlenhydrate

CIABATTA

20 g Hefe | 1 TL Honig | 5 EL Olivenöl | 8 g Salz | 350 g helle Mehlmischung (siehe Seite 146) | 30 g Maismehl | 70 g Reismehl
Für 1 Brot (ca. 15 Scheiben) | 30 Min. Zubereitung | 1 Std. 15 Min. Ruhen | 35 Min. Backen

1 Zerbröckelte Hefe mit 50 ml lauwarmem Wasser und Honig verrühren. 300 ml Wasser, 3 EL Öl und Hefe mit übrigen Zutaten verkneten, zugedeckt ca. 1 Std. gehen lassen. Ofen auf 240° vorheizen. Teig mit nassen Händen zu einem Strang formen, nicht mehr kneten, 15 Min. ruhen lassen, im Ofen (Mitte) 35 Min. backen. Nach 20 Min. Backzeit das Brot zweimal mit Öl bepinseln.

Nährwert pro Scheibe:

ca. 140 kcal	4 g Fett
1 g Eiweiß	26 g Kohlenhydrate

MÖHRENBROT

500 g Möhren | 250 g dunkle Mehlmischung (siehe Seite 146) | 100 g Sonnenblumenkerne | 5 g Salz | 1 EL Tapiokamehl | 1 ½ Päckchen Backpulver | 1 Msp. Natron | ½ TL Brotgewürz | Fett für die Form
Für 1 kleine Kastenform mit 25 cm (ca. 15 Scheiben) | 15 Min. Zubereitung | 1 Std. 15 Min. Backen

1 Ofen auf 175° vorheizen, Form gut fetten. Möhren putzen, schälen und fein raspeln. Alle Zutaten in einer Schüssel mit der Hand zu einem homogenen Teig kneten und in die Form füllen. Das Brot im heißen Ofen (Mitte) 1 Std. 15 Min. backen, herausnehmen und auf einem Kuchengitter auskühlen lassen.

Nährwert pro Scheibe:

ca. 105 kcal	4 g Fett
3 g Eiweiß	14 g Kohlenhydrate

WELTMEISTERBROT

500 g dunkle Mehlmischung (siehe Seite 146)
3 EL Tapiokamehl
2 TL Brotgewürz
20 g Salz
80 g Ölsaaten (z. B. Sonnenblumenkerne, Kürbiskerne, Leinsamen, Sojaschrot)
1 Würfel Hefe
1 TL flüssiger Honig
1 vorwiegend festkochende Kartoffel
2 EL Öl
1 EL Zuckerrübensirup
500 ml Buttermilch
Außerdem:
Fett für die Form

Für 1 Kastenform mit 30 cm (ca. 20 Scheiben)
30 Min. Zubereitung
60–90 Min. Ruhen
45 Min. Backen

Nährwert pro Scheibe:

- ca. 140 kcal
- 4 g Eiweiß
- 4 g Fett
- 20 g Kohlenhydrate

1 Alle trockenen Zutaten in einer großen Schüssel gut miteinander vermengen. Die zerbröckelte Hefe mit dem Honig in 75 ml lauwarmem Wasser auflösen und stehen lassen, bis sich Blasen entwickeln.

2 Inzwischen die Kartoffel waschen, schälen, fein reiben und zusammen mit dem Öl, dem Zuckerrübensirup, der Buttermilch und der Hefe zu den trockenen Zutaten in die Schüssel geben. Alle Zutaten mit den Knethaken des Handrührgeräts mindestens 10 Min. kneten. Sollte der Teig zu fest sein, noch etwas warmes Wasser zugeben, bis der Teig etwas fester als ein Rührteig ist.

3 Die Kastenform gut einfetten, den Teig einfüllen, mit Frischhaltefolie abdecken und 60–90 Min. gehen lassen, bis er die gewünschte Größe erreicht hat. Der Teig geht dann im Ofen nur noch wenig auf. In den letzten 10 Min. der Gehzeit den Backofen auf 200° vorheizen.

4 Das Brot im heißen Backofen (Mitte) ca. 45 Min. backen – es ist fertig, wenn es beim Draufklopfen hohl klingt, dann aus dem Ofen nehmen, auf ein Kuchengitter stürzen und vollständig auskühlen lassen.

TIPP:

Anstelle der Ölsaaten können Sie auch die gleiche Menge gewürfelte geröstete Zwiebeln oder in Streifen geschnittene getrocknete Tomaten mit in den Teig geben.

UNSER
»LIEBLING«

VOLLKORN-SAUERTEIGBROT

½ Würfel frische Hefe (ca. 20 g)
1 TL flüssiger Honig
330 g dunkle Mehlmischung (siehe Seite 146)
70 g Teffmehl
50 g Vollkornreismehl
1 Päckchen Quinoa-Sauerteig-Extrakt
12 g Salz
1 TL Brotgewürz
Außerdem:
Fett für die Form

Für 1 Kastenform mit 25 cm (ca. 15 Scheiben)
20 Min. Zubereitung
1 Std. 20 Min. Ruhen
45 Min. Backen

Nährwert pro Scheibe:

- ca. 105 kcal
- 2 g Eiweiß
- 1 g Fett
- 21 g Kohlenhydrate

1 Die zerbröckelte Hefe mit dem Honig in 50 ml lauwarmem Wasser glatt rühren und quellen lassen.

2 Mehle mit Sauerteig, Salz und Brotgewürz in einer großen Schüssel mischen. Die Hefe zugeben und die Teigzutaten mit den Knethaken des Handrührgeräts kneten, dabei nach und nach 300–350 ml lauwarmes Wasser zugeben.

3 Den Teig mit Frischhaltefolie abdecken und 30–40 Min. ruhen lassen, dann in die gut gefettete Kastenform geben und die Oberfläche mit Wasser glattstreichen. Nun den Teig nochmals mit Folie abdecken und weitere 40 Min. gehen lassen. Inzwischen den Backofen auf 240° vorheizen.

4 Die Folie abnehmen und das Brot im heißen Backofen (Mitte) ca. 45 Min. backen. Falls das Brot zu schnell bräunt, die Ofentemperatur nach der Hälfte der Backzeit etwas zurückschalten. Das fertige Brot aus dem Ofen nehmen, auf ein Kuchengitter stürzen und auskühlen lassen.

MINERAL-
STOFFREICH
UND DEFTIG

URGESUND
UND
BEKÖMMLICH

DEFTIGES KARTOFFELBROT

500 g mehligkochende Kartoffeln
1 Würfel Hefe
1 TL flüssiger Honig
150 g Kartoffelmehl
75 g Maismehl
50 g Buchweizenmehl
5 g Guarkernmehl
5 g Flohsamenschalen
30 g Leinsamen
30 g Sesamsamen
25 g Sonnenblumenkerne
12 g Salz
1 TL Brotgewürz
Außerdem:
Fett für die Form

Für 1 Kastenform mit 25 cm (ca. 15 Scheiben)
40 Min. Zubereitung
1 Std. 20 Min. Ruhen
1 Std. Backen

Nährwert pro Scheibe:

ca. 115 kcal
4 g Eiweiß
3 g Fett
19 g Kohlenhydrate

1 250 g Kartoffeln waschen mit 2 Fingerbreit Wasser in einen Topf geben, zum Kochen bringen und zugedeckt bei mittlerer Hitze in ca. 25 Min. garen, dann abgießen, kalt abschrecken, pellen und durch die Presse drücken. Die restlichen Kartoffeln waschen, schälen und fein reiben.

2 Die Hefe mit dem Honig und 50 ml lauwarmem Wasser glatt rühren und quellen lassen. Mehle, Ölsaaten, Salz und Brotgewürz in einer großen Schüssel mischen. Die Kartoffeln zugeben. Das Hefewasser zugeben. Mit den Knethaken des Handrührgeräts die Teigzutaten glatt verkneten, dabei nach und nach 100 ml lauwarmes Wasser zugeben.

3 Den Teig mit Frischhaltefolie abdecken und 30–40 Min. gehen lassen, dann in die gut gefettete Kastenform geben, die Oberfläche mit Wasser glatt streichen und abgedeckt nochmals ca. 40 Min. gehen lassen. Inzwischen den Backofen auf 240° vorheizen.

4 Die Folie abnehmen und das Brot im heißen Backofen (Mitte) ca. 15 Min. backen. Dann den Ofen auf 200° zurückschalten und das Brot in 45 Min. fertig backen. Das Brot aus dem Ofen holen, aus der Form stürzen und auf einem Kuchengitter abkühlen lassen.

HIRSEBROT aus der Pfanne

125 g Hirse | 20 g Hefe | 1 TL flüssiger Honig | 12 g Salz | 120 g helle Mehlmischung (siehe Seite 146) | ½ TL Brotgewürz | 2 EL Öl
Für 1 Brot (4 Portionen) | 30 Min. Zubereitung | 12 Std. Einweichen | 1 Std. 20 Min. Ruhen | 15 Min. Backen

1 100 g Hirse über Nacht in 75 ml kaltem Wasser einweichen.

2 Dann die zerbröckelte Hefe mit dem Honig in 50 ml lauwarmem Wasser auflösen und 15 Min. quellen lassen. Inzwischen eingeweichte Hirse samt Einweichwasser, Salz, Mehl und Brotgewürz in einer großen Schüssel vermischen. Hefe zugeben und die Zutaten mit den Knethaken des Handrührgeräts glatt verkneten. Teig zugedeckt an einem warmen Ort ca. 50 Min. gehen lassen.

3 Eine Pfanne mit 26 cm Ø mit dem Öl auspinseln. Restliche Hirse einstreuen und den Teig in die Pfanne drücken. Pfanne zudecken und den Teig nochmals 20–30 Min. gehen lassen. Die Pfanne auf den Herd stellen und das Brot offen darin bei mittlerer Hitze in 15 Min. beidseitig backen. Das fertige Brot aus der Pfanne nehmen und auf einem Kuchengitter auskühlen lassen.

Nährwert pro Portion:

ca. 250 kcal	4 g Fett
4 g Eiweiß	50 g Kohlenhydrate

BRÖTCHEN mit Kokosmehl

75 g Kartoffelstärke | 50 g rotes Quinoamehl | 75 g Teffmehl | 50 g Kokosmehl | 3 g Guarkernmehl | 5 g Flohsamenschalen | 5 g Salz | 1 Päckchen Backpulver | 1 Ei | 1 EL Öl | 3 EL frisch geriebener Bergkäse

Für 6 Stück | 30 Min. Zubereitung | 20 Min. Ruhen | 25 Min. Backen

1 Den Backofen auf 250° vorheizen und ein Backblech mit Backpapier belegen.

2 Die trockenen Zutaten in einer Rührschüssel mischen. Das Ei zugeben, die Teigzutaten mit den Knethaken des Handrührgeräts verkneten und nach und nach vorsichtig ca. 300 ml Wasser zugeben, bis ein geschmeidiger Teig entsteht. Diesen 20 Min. quellen lassen.

3 Den Teig mithilfe eines Löffels in sechs Portionen teilen und diese mit nassen Händen vorsichtig zu länglichen Brötchen formen, dabei nicht mehr kneten.

4 Die Backofentemperatur auf 220° reduzieren. Die Brötchen mit Öl bestreichen, an der Oberfläche dreimal schräg einschneiden, mit dem Käse bestreuen und im heißen Ofen (Mitte) 20–25 Min. backen. Fertige Brötchen aus dem Ofen nehmen und auf einem Kuchengitter auskühlen lassen.

Nährwert pro Stück:

ca. 165 kcal	5 g Fett
6 g Eiweiß	24 g Kohlenhydrate

JOGHURT-HÖRNCHEN

1 Würfel Hefe
1 TL flüssiger Honig
500 g dunkle Mehlmischung (siehe Seite 146)
10 g Salz
200 g Joghurt
1 Ei
1 EL Öl

Außerdem:
Mehl zum Arbeiten

Für 8 Stück
40 Min. Zubereitung
1 Std. 20 Min. Ruhen
25 Min. Backen

Nährwert pro Stück:

- ca. 255 kcal
- 6 g Eiweiß
- 5 g Fett
- 43 g Kohlenhydrate

1 Die zerbröckelte Hefe mit dem Honig in 100 ml lauwarmem Wasser auflösen und anschließend quellen lassen, bis sich Blasen bilden (Bild 1).

2 Mehl, Salz, Joghurt, Ei und die Hefe in eine Rührschüssel geben und mit den Knethaken des Handrührgeräts zu einem glatten Teig verkneten. Diesen mit Frischhaltefolie abdecken und an einem warmen Ort ca. 1 Std. gehen lassen, bis sich sein Volumen verdoppelt hat.

3 Den Teig auf bemehlter Arbeitsfläche zu einer ½ cm dicken runden Platte ausrollen. Die runde Teigplatte wie eine Torte in 8 Stücke teilen (Bild 2), diese von der breiten Seite her aufrollen und zu Hörnchen biegen (Bild 3).

4 Den Backofen auf 250° vorheizen. Die Hörnchen auf ein mit Backpapier belegtes Blech legen, zugedeckt nochmals 20 Min. gehen lassen, dann mit dem Öl bestreichen. Die Backofentemperatur auf 220° reduzieren und die Hörnchen im heißen Backofen (Mitte) 20–25 Min. backen. Die fertigen Hörnchen aus dem Ofen nehmen und auf einem Kuchengitter auskühlen lassen (Bild 4).

ZUM MITNEHMEN

Der Joghurt im Teig verleiht den Hörnchen eine milde Säure, die sowohl mit Honig, Konfitüre & Co. harmoniert als auch mit einem herzhaften Belag aus Gemüse und Wurst oder Käse oder einem frischen Schnittlauchquark.

RUSTIKALE ZWIEBELBRÖTCHEN

mit Kichererbsenmehl

1 Zwiebel
½ TL Butter
½ Würfel Hefe (ca. 20 g)
1 TL flüssiger Honig
100 g geröstetes Kichererbsenmehl
50 g Tapiokamehl
75 g Maisstärke
30 g Reismehl
5 g Guarkernmehl
5 g gemahlene Flohsamenschalen
5 g Salz
1 EL BallastoMaxx
1 Ei
1 TL Obstessig
1 TL Öl

Für 8 Brötchen
35 Min. Zubereitung
1 Std. 10 Min. Ruhen
20 Min. Backen

Nährwert pro Stück:

- ca. 140 kcal
- 5 g Eiweiß
- 3 g Fett
- 24 g Kohlenhydrate

1 Die Zwiebel schälen und würfeln. Die Butter in einer Pfanne erhitzen und die Zwiebel darin hellbraun anrösten.

2 Die zerbröckelte Hefe mit dem Honig in 50 ml lauwarmem Wasser auflösen und quellen lassen. Die trockenen Zutaten in einer Rührschüssel mischen. Das Ei mit 150 ml Wasser, dem Essig und dem Öl verquirlen.

3 Die Hefe zur Mehlmischung geben und die Zutaten mit den Knethaken des Handrührgeräts verkneten, dabei nach und nach die Eimischung zugeben. Der Teig sollte die Konsistenz eines zähen Rührteigs haben. Zum Schluss die gerösteten Zwiebelwürfel unter den Teig kneten.

4 Diesen zugedeckt an einem warmen Ort 30–40 Min. ruhen lassen. Dann mit zwei Esslöffeln acht Teighäufchen auf ein mit Backpapier belegtes Backblech setzen und diese abgedeckt bei Raumtemperatur weitere 30 Min. gehen lassen, bis sie ihr Volumen fast verdoppelt haben.

5 Inzwischen den Backofen auf 250° vorheizen. Dann die Backofentemperatur auf 220° reduzieren, die Brötchen mit Wasser bepinseln und im heißen Backofen (Mitte) ca. 20 Min. backen. Die fertigen Brötchen aus dem Ofen nehmen und auf einem Kuchengitter abkühlen lassen. Die Zwiebelbrötchen unbedingt warm essen oder noch lauwarm einfrieren, sonst werden sie strohig.

HERRLICH
DUFTEND

GANZ
EINFACH

NUSSKUCHEN MIT ÄPFELN

3 kleine Bio-Äpfel
10 Eier
200 g Zucker
1 TL abgeriebene Bio-Zitronenschale
Salz
300 g gemahlene Walnüsse (ersatzweise Haselnüsse oder Mandeln)
50 g Mais- oder Kartoffelstärke
1 Msp. Backpulver
1 Msp. Zimtpulver
2 EL Puderzucker
Außerdem:
Fett für die Form

Für 1 Springform mit 28 cm Ø (12 Stücke)
45 Min. Zubereitung
50 Min. Backen

Nährwert pro Stück:

- ca. 335 kcal
- 10 g Eiweiß
- 21 g Fett
- 27 g Kohlenhydrate

1 Den Backofen auf 180° vorheizen. Den Boden der Springform mit Backpapier auslegen und den Rand gut einfetten.

2 Die Äpfel waschen, vierteln, von den Kerngehäusen befreien und fein reiben. Die Eier trennen und die Eigelbe mit 175 g Zucker und dem Zitronenabrieb schaumig rühren. Die Eiweiße mit dem restlichen Zucker und 1 Prise Salz zu steifem Schnee schlagen.

3 Die Nüsse mit der gesiebten Stärke, dem Backpulver und dem Zimt vermischen. Die Eigelbmasse vorsichtig unter den Eischnee heben und die Nussmischung unterziehen. Zum Schluss vorsichtig die gerieben Äpfel unterheben.

4 Den Teig in die Springform füllen und im heißen Backofen (Mitte) ca. 50 Min. backen. Den fertigen Nusskuchen aus dem Ofen nehmen, vollständig auskühlen lassen und erst dann aus der Form lösen. Den kalten Kuchen mit Puderzucker bestäuben und servieren.

TIPP:

Besonders gut für Apfelkuchen eignen sich feinsäuerliche Apfelsorten wie Boskoop oder Cox orange, die in der Hitze des Ofens wunderbar mürbe werden.

MÖHRENKUCHEN

Für den Teig:
400 g Möhren
6 zimmerwarme Eier
200 g Zucker
1 Päckchen Vanillezucker
400 g gemahlene Mandeln
50 g Maisstärke
1 Päckchen Backpulver
Für den Zitronenguss:
80 g Puderzucker
1 EL Zitronensaft
Außerdem:
Fett für die Form

Für 1 Springform 26 cm Ø
(12 Stücke)
45 Min. Zubereitung
40 Min. Backen

Nährwert pro Stück:

- ca. 360 kcal
- 11 g Elweiß
- 21 g Fett
- 31 g Kohlenhydrate

1 Den Backofen auf 175° vorheizen und die Springform gut fetten. Die Möhren putzen, schälen und raspeln. Die Eier mit den Quirlen des Handrührgeräts in einer Rührschüssel schaumig schlagen, dabei den Zucker und den Vanillezucker nach und nach einrieseln lassen.

2 Mandeln, Maisstärke und Backpulver mischen und unter die Eiermasse heben. Zum Schluss vorsichtig mit dem Teigspatel die Möhrenraspel unterziehen.

3 Den Teig in die vorbereitete Form füllen und im heißen Backofen (Mitte) ca. 40 Min. backen. Den fertigen Kuchen aus dem Ofen nehmen und erkalten lassen.

4 Inzwischen den Puderzucker mit dem Zitronensaft zu einem dicken Guss verrühren. Den kalten Kuchen aus der Form lösen und mit dem Guss überziehen. Diesen fest werden lassen und den Kuchen servieren.

BELIEBTER
KLASSIKER
MIT VIEL VITAMIN A

ORANGENTORTE

Für den Biskuit:
8 zimmerwarme Eier
200 g Zucker | Salz
je 1 TL abgeriebene Bio-Orangen- und -Zitronenschale
250 g gemahlene Mandeln
50 g Maisstärke
1 Msp. Backpulver
Für die Füllung:
100 g gemahlene Mandeln
800 g Sahne
2 EL Orangensaft
75 g Orangenmarmelade
Außerdem:
Fett für die Form
16 Orangenfilets und 16 Pistazien für die Garnitur

Für 1 Springform mit 28 cm Ø (16 Stücke)
1 Std. 30 Min. Zubereitung
40 Min. Backen
2 Std. Kühlen

Nährwert pro Stück:

- ca. 415 kcal
- 10 g Eiweiß
- 31 g Fett
- 22 g Kohlenhydrate

1 Backofen auf 175° vorheizen. Formboden mit Backpapier auslegen und den Rand leicht fetten.

2 Die Eier in einer Rührschüssel mit den Quirlen des Handrührgeräts schaumig schlagen, dabei den Zucker und 1 Prise Salz nach und nach einrieseln lassen. Den Zitrusfruchtabrieb mit Mandeln, Stärke und Backpulver mischen und löffelweise vorsichtig unter die Eiermasse heben.

3 Die Masse in die Springform einfüllen und im heißen Ofen (Mitte) 35–40 Min backen. Den fertigen Biskuit aus dem Ofen nehmen, aus der Form lösen, auf ein Kuchengitter stürzen und vollständig auskühlen lassen, dann horizontal zweimal durchschneiden.

4 Die Mandeln bei schwacher bis mittlerer Hitze in einer Pfanne ohne Fett anrösten, bis sie anfangen zu duften, auf einen Teller schütten und abkühlen lassen. Die Sahne steif schlagen und den Orangensaft unterrühren.

5 Den unteren Tortenboden auf eine Tortenplatte legen. Mit der Hälfte der Orangenmarmelade bestreichen und ein Viertel der Sahne darauf verteilen. Den zweiten Boden auflegen, ebenfalls mit Marmelade bestreichen und mit einem Viertel der Sahne bedecken. Den Dritten Boden auflegen und die Torte rundum mit einem Viertel der Sahne bestreichen. Den Tortenrand mit den gerösteten Mandeln bestreuen und mit der restlichen Sahne 16 Rosetten auf die Torte spritzen. Jede Rosette mit 1 Orangenfilet und 1 Pistazie belegen. Torte vor dem Servieren 2 Std. kühl stellen.

FÜR GÄSTE
UND FESTE

ACHTUNG
SUCHT-
POTENTIAL!

PFIRSICHTORTE ONKEL SAM

4 zimmerwarme Eier
180 g Zucker
100 g helle Mehlmischung (siehe Seite 146)
1 Msp. Zimtpulver
60 g Kakaopulver
1 Msp. Backpulver
500 ml Sahne
240 g abgetropfte Pfirsiche (aus der Dose)
200 g Blockschokolade
225 g Puderzucker
2 EL Butter
Außerdem:
Fett für die Form
Schlagsahne, Pfirsichspalten und gehackte Pistazien für die Garnitur

Für 1 Springform mit 26 cm Ø (12 Stücke)
1 Std. 30 Min. Zubereitung
40 Min. Backen
2 Std. Kühlen

Nährwert pro Stück:

- ca. 455 kcal
- 5 g Eiweiß
- 23 g Fett
- 57 g Kohlenhydrate

1 Den Backofen auf 200° vorheizen. Formboden mit Backpapier auslegen und den Rand leicht einfetten.

2 Für den Biskuit die Eier mit 2 EL heißem Wasser in einer Rührschüssel mit den Quirlen der Küchenmaschine dick schaumig schlagen, dabei nach und nach 120 g Zucker einrieseln lassen. Das Mehl mit Zimt, 30 g Kakao und Backpulver mischen und löffelweise unter die Eiermasse heben. Die Masse in die Form füllen, im heißen Ofen (Mitte) 35–40 Min. backen, herausnehmen, vollständig auskühlen lassen, aus der Form lösen und zweimal horizontal durchschneiden.

3 Für die Füllung die Sahne mit dem restlichen Zucker steif schlagen. Den unteren Tortenboden auf eine Tortenplatte legen. Ein Drittel der Sahne mit 30 g gesiebtem Kakao verrühren und darauf verteilen. Den zweiten Boden auflegen. Die Pfirsiche in sehr dünne Spalten schneiden und auf dem Boden verteilen. Ein weiteres Drittel der Sahne auf die Pfirsiche streichen. Den dritten Boden auflegen, die Torte mit der restlichen Sahne rundherum bestreichen und in den Kühlschrank stellen.

4 Für den Guss die Schokolade über einem heißen Wasserbad schmelzen und mit dem Puderzucker, 8 EL Wasser und der Butter verrühren. Die Torte rasch damit überziehen und den Guss fest werden lassen. Die Torte nach Belieben mit Sahnetuffs, Pfirsichstücken sowie Pistazien verzieren, anschließend 2 Std. kühl stellen und servieren.

EIERLIKÖRTORTE

Für den Teig:
6 Eier
1 TL abgeriebene Bio-Zitronenschale
100 g Zucker | Salz
200 g gemahlene Mandeln
2 EL Kakaopulver
1 Msp. Backpulver
2 EL Rum
Für die Eierlikörsahne:
8 Blatt weiße Gelatine
6 Eigelb | 75 g Zucker
175 ml Eierlikör
600 g Sahne
Außerdem:
Fett für die Form
250 ml Eierlikör
Schokoraspel für die Deko

Für 1 Springform mit 28 cm Ø (12 Stücke)
1 Std. 30 Min. Zubereitung
30 Min. Backen
mind. 2 Std. Kühlen

Nährwert pro Stück:

- ca. 490 kcal
- 12 g Eiweiß
- 33 g Fett
- 28 g Kohlenhydrate

1 Den Backofen auf 160° vorheizen. Formboden mit Backpapier auslegen und den Rand leicht einfetten.

2 Die Eier trennen und die Eigelbe mit 2 EL heißem Wasser, dem Zitronenabrieb und 75 g Zucker schaumig rühren. Die Eiweiße mit dem restlichen Zucker und 1 Prise Salz zu steifem Schnee schlagen. Die Mandeln mit dem gesiebten Kakao und dem Backpulver vermischen. Die Eigelbmasse vorsichtig unter den Schnee heben und die Mandelmischung unterziehen. Die Masse in die Springform füllen und im heißen Ofen (Mitte) ca. 30 Min. backen. Den fertigen Boden aus dem Ofen nehmen, auskühlen lassen, aus der Form lösen, auf eine Tortenplatte legen, mit einem Tortenring umschließen und mit dem Rum tränken.

3 Für die Eierlikörsahne die Gelatine 5 Min. in kaltem Wasser einweichen. Die Eigelbe mit dem Zucker unter ständigem Rühren über einem heißen Wasserbad aufschlagen (Bild 1). Die Gelatine ausdrücken, tropfnass in die warme Eiermasse einrühren (Bild 2) und auflösen. Den Eierlikör zugeben und die Masse kalt stellen.

4 Beginnt die Eierlikörcreme zu gelieren, die Sahne steif schlagen und unter die Eierlikörcreme heben (Bild 3). Dann die Eierlikörsahne in den Tortenring füllen und glatt streichen. Den Eierlikör auf der Sahne verteilen und die Torte mindestens 2 Std. kühlen. Den Tortenring entfernen, die Torte nach Belieben mit Schokoraspeln dekorieren und servieren (Bild 4).

PASST PERFEKT INS OSTER-NEST

Für selbst gemachten Eierlikör 8 Eigelb und 1 Päckchen Vanillezucker schaumig schlagen. Nach und nach 250 g Puderzucker und 400 ml Kondensmilch, dann 250 ml Rum unterrühren. Die Masse auf einem heißen Wasserbad rühren, bis sie andickt.

SCHOKOSTERN

125 g Zartbitterschokolade
5 Eier
Salz
1 TL abgeriebene Bio-Zitronenschale
70 g weiche Butter
150 g Zucker
1 Päckchen Vanillezucker
125 g gemahlene Mandeln
1 TL Backpulver
Außerdem:
Fett für die Form
200 g Schokoglasur (nach Belieben) für die Garnitur

Für 1 Stern- oder Springform mit 24 cm Ø (12 Stücke)
1 Std. Zubereitung
50 Min. Backen

Nährwert pro Stück:

- ca. 250 kcal
- 6 g Eiweiß
- 17 g Fett
- 18 g Kohlenhydrate

1 Die Form gut einfetten und den Backofen auf 180° vorheizen. Die Schokolade ganz fein reiben und die Eier trennen.

2 Die Eiweiße mit 1 Prise Salz zu steifem Schnee schlagen. Die Eigelbe, den Zitronenabrieb, die Butter, den Zucker und den Vanillezucker in eine Schüssel geben und mit den Quirlen des Handrührgeräts weiß schaumig rühren. Zuerst Mandeln, Backpulver und Schokolade, dann den Eischnee vorsichtig mit dem Teigspatel unterheben.

3 Teig in die Form füllen und im heißen Backofen (Mitte) 45–50 Min. backen. Den fertigen Kuchen aus dem Ofen nehmen, auskühlen lassen und aus der Form lösen.

4 Nach Belieben die Schokoladenglasur über einem heißen Wasserbad schmelzen und den Kuchen damit überziehen.

TIPP:

Um zu prüfen, ob ein Rührkuchen schon fertig gebacken ist, stechen Sie einfach mit einem Holzstäbchen am Ende der Garzeit in die Mitte des Kuchens. Klebt noch Teig am Stäbchen, wenn Sie es wieder herausziehen, braucht der Kuchen noch ein paar Minuten im Ofen.

NICHT NUR AN
WEIHNACHTEN
LECKER

CRANBERRY-FLORENTINER

75 g getrocknete Cranberries
120 g Zucker
100 g Butter
125 g Sahne
150 g Mandelsplitter
150 g dunkle Kuvertüre

Für ca. 50 Stück
30 Min. Zubereitung
15 Min. Backen
12 Std. Trocknen

Nährwert pro Stück:

- ca. 70 kcal
- 1 g Eiweiß
- 5 g Fett
- 5 g Kohlenhydrate

1 Den Backofen auf 190° vorheizen und eine Fettpfanne mit Backpapier auslegen. Die Cranberries grob hacken.

2 Den Zucker, die Butter und die Sahne in einem Topf zum Kochen bringen und bei schwacher bis mittlerer Hitze unter Rühren 3–5 Min. köcheln lassen. Die Cranberries mit den Mandelsplittern in die Zuckersahne rühren, unter vorsichtigem Rühren vermengen und noch weitere 5 Min. unter Rühren köcheln lassen.

3 Cranberrymasse auf das Blech gießen, glatt streichen und im heißen Ofen (Mitte) ca. 15 Min. backen. Die Masse soll noch kleben, aber keine Fäden mehr ziehen. Die Masse abkühlen lassen, dann auf die Arbeitsfläche stürzen und das Backpapier abziehen.

4 Die Kuvertüre über einem heißen Wasserbad schmelzen, auf die Unterseite der Platte geben, gleichmäßig dick verstreichen und über Nacht auskühlen und trocknen lassen. Am nächsten Tag die Florentinerplatte in kleine Rechtecke schneiden und in einer Blechdose in mit Butterbrotpapier getrennten Lagen aufbewahren.

TIPP:

Besonders schön sehen die Florentiner aus, wenn Sie die Platte in Rauten schneiden und die Florentiner mit jeweils zwei gegenüberliegenden Ecken in die Kuvertüre tauchen.

DER
AUFWAND
LOHNT SICH

Sesam-Apfel-Kokos-MUFFINS

4 Eier | Mark von 1 Vanilleschote | 90 g Zucker | 100 ml Buttermilch | 6 kleine Äpfel | 200 g Kokosraspel | 200 g gemahlene Mandeln | 1 gehäufte Msp. Johannisbrotkernmehl | 1 TL Natron | 2 TL Backpulver | 2 EL Sesamsamen | 36 Papiermuffinförmchen (7,5 cm Ø)

Für ca. 18 Stück | 40 Min. Zubereitung | 25 Min. Backen

1 Den Backofen auf 160° vorheizen. Nun je 2 Papiermuffinförmchen ineinanderstellen und auf ein Backblech setzen.

2 In einer Rührschüssel die Eier und das Vanillemark mit den Quirlen des Handrührgeräts schaumig schlagen, Zucker und Buttermilch dazugeben und weiterrühren, bis sich der Zucker vollständig gelöst hat.

3 Die Äpfel schälen, von den Kerngehäusen befreien, in sehr kleine Stücke schneiden und sofort in die Eiermasse geben.

4 Kokosraspel, Mandeln, Johannisbrotkernmehl, Natron und Backpulver zügig unter die Ei-Apfel-Masse heben.

5 Die Förmchen randvoll mit dem Teig füllen. Muffins mit Sesam bestreuen und im heißen Backofen (Mitte) ca. 25 Min. backen. Dann den Backofen ausschalten und die Muffins darin auskühlen lassen.

Nährwert pro Stück:

ca. 200 kcal	15 g Fett
5 g Eiweiß	11 g Kohlenhydrate

BÄRENTATZEN

150 g Zartbitterschokolade | abgeriebene Schale von 1 Bio-Zitrone | 250 g gemahlene Mandeln | 1 TL Zimtpulver | 1 EL Kakaopulver | 3 Eiweiß | Salz | 150 g Zucker plus mehr zum Formen | 100 g Schokoglasur (nach Belieben) | 1 Bärentatzenförmchen
Für ca. 40 Stück | 1 Std. 15 Min. Zubereitung | 12 Std. Trocknen | 20 Min. Backen

1 Zwei Backbleche mit Backpapier belegen. Die Schokolade fein reiben und mit Zitronenschale, Mandeln, Zimt- und Kakaopulver in einer Schüssel mischen.

2 Die Eiweiße mit 1 Prise Salz steif schlagen, dabei 150 g Zucker einrieseln lassen. Anschließend die Mandelmischung mit dem Teigschaber vorsichtig unterziehen.

3 Das Förmchen mit Zucker ausstreuen. Aus dem Teig ca. 2 cm große Kugeln formen, diese in Zucker wälzen, nacheinander ins Förmchen drücken und mit 3 cm Abstand aufs Blech klopfen. Die Tatzen 12 Std. an einem kühlen Ort trocknen lassen.

4 Den Backofen auf 180° vorheizen und die Tatzen darin (Mitte) 15–20 Min. backen, aus dem Ofen nehmen und abkühlen lassen. Nach Belieben die Schokoglasur über einem heißen Wasserbad schmelzen und die Tatzenspitzen darin eintauchen.

Nährwert pro Stück:

ca. 80 kcal	5 g Fett
2 g Eiweiß	7 g Kohlenhydrate

QUARKSTOLLEN

150 g Sultaninen | 2 EL Rum
155 g weiche Butter
2 Eier | 175 g Zucker
Salz | 250 g Magerquark
100 g gemahlene Mandeln
30 g Zitronat
30 g Orangeat
1 TL abgeriebene Bio-Zitronenschale
1 Päckchen Backpulver
500 g helle Mehlmischung **(siehe Seite 146)**
gemahlener Kardamom
gemahlene Muskatblüte
gemahlener Anis
Zimtpulver
2 EL Puderzucker
Außerdem:
Fett für die Form

Für 1 Stollenform
(ca. 24 Scheiben)
45 Min. Zubereitung
1 Std. Backen

Nährwert pro Stück:

- ca. 225 kcal
- 3 g Eiweiß
- 9 g Fett
- 32 g Kohlenhydrate

1 Die Sultaninen in einem Sieb mit warmem Wasser abspülen, abtropfen lassen, dann in einem Schälchen mit dem Rum tränken. Den Ofen auf 200° vorheizen. Ein Backblech mit Backpapier belegen und die Stollenform einfetten.

2 125 g Butter, die Eier, den Zucker und 1 Prise Salz schaumig rühren und den Quark unterheben. Die Mandeln, die Rum-Sultaninen, das Zitronat und Orangeat sowie den Zitronenabrieb ebenfalls unterheben.

3 Backpulver mit etwas Mehl vermischen und mit den Gewürzen zusammen unter die Quarkmischung kneten. Nach und nach so viel Mehl dazukneten, bis ein homogener, aber weicher Teig entstanden ist. Es kann sein, dass noch etwas Mehl übrig bleibt.

4 Den Teig in die Stollenform einfüllen, aufs Blech stürzen, aber mit der Form bedeckt lassen. Den Stollen im heißen Backofen (Mitte) ca. 1 Std. backen. Nach der Backzeit die Stäbchenprobe machen, d. h. mit einem Holzstäbchen tief in den Stollen hineinstechen und das Stäbchen wieder herausziehen. Klebt noch roher Teig am Stäbchen, braucht der Stollen noch ein paar Min. mehr Backzeit. Klebt nichts am Stäbchen, ist der Stollen fertig.

5 Den fertigen Stollen aus dem Ofen nehmen, die restliche Butter zerlassen, den noch heißen Stollen damit bestreichen und mit Puderzucker bestäuben.

DARF IN DER
ADVENTS-
ZEIT
NICHT FEHLEN

LEBKUCHEN Maria

500 g mehligkochende Kartoffeln | 6 zimmerwarme Eier | 625 g Zucker | 100 g Zitronat | 100 g Orangeat | 500 g gemahlene Haselnüsse | 4 TL Zimtpulver | 2 TL Natron | 200 g dunkle Schokoglasur (nach Belieben)

Für 40–50 Stück | 1 Std. Zubereitung | pro Blech 20 Min. Backen

1 Den Backofen auf 175° vorheizen und zwei Backbleche mit Backpapier auslegen.

2 Die Kartoffeln waschen, mit zwei Fingerbreit Wasser in einen Topf geben, dieses aufkochen und die Kartoffeln darin bei mittlerer Hitze zugedeckt in ca. 30 Min. garen, anschließend abgießen, kalt abschrecken, pellen, abkühlen lassen und fein reiben.

3 Die Eier mit den Quirlen des Handrührgeräts dickschaumig schlagen, dabei nach und nach den Zucker zugeben.

4 Zuerst die geriebenen Kartoffeln, dann Zitronat, Orangeat, Haselnüsse, Zimtpulver und Natron unterheben.

5 Mit zwei Teelöffeln kleine Häufchen auf die Bleche setzen und nacheinander auf der unteren Schiene je ca. 20 Min. backen. Die Lebkuchen aus dem Ofen nehmen, auskühlen lassen und nach Belieben mit Schokoglasur überziehen.

Nährwert pro Stück:

ca. 140 kcal	7 g Fett
2 g Eiweiß	18 g Kohlenhydrate

ZEDERNBROT

2 Eiweiß | Saft und abgeriebene Schale von 1 großen Bio-Zitrone | Salz | 500 g Puderzucker | 600 g geschälte gemahlene Mandeln | Zucker zum Arbeiten

Für ca. 80 Stück | 1 Std. 30 Min. Zubereitung | 2 Std. Trocknen | Pro Blech 12 Min. Backen

1 Drei bis vier Backbleche mit Backpapier belegen. Die Eiweiße mit Zitronensaft und -schale sowie 1 Prise Salz zu steifem Schnee schlagen und dabei nach und nach den Puderzucker zugeben.

2 Anschließend die gemahlenen Mandeln erst mit dem Teigschaber, dann mit der Hand unterkneten, bis sich der Teig ballt und knetbar wird.

3 Den Teig auf ein mit Zucker bestreutes Backbrett geben, flach drücken, mit Zucker bestreuen, mit Frischhaltfolie bedecken und zu einer ca. 1 cm dicken Platte ausrollen. Halbmonde ausstechen, auf die Bleche setzen und 2 Std. trocknen lassen.

4 Den Backofen auf 180° vorheizen. Zedernbrot nacheinander auf der unteren Schiene im heißen Backofen je 10–12 Min. backen, dann herausnehmen und vollständig auskühlen lassen. Nach Belieben mit Puderzuckerguss bestreichen.

Nährwert pro Stück:

ca. 70 kcal	4 g Fett
2 g Eiweiß	7 g Kohlenhydrate

LITERATUR-EMPFEHLUNGEN

Beckenbodentraining
von Thomas Villinger und Irene Lang-Reeves; Gräfe und Unzer Verlag, August 2015 – Buch, zur Unterstützung der besseren Verdauung durch effektive Beckenbodenübungen.

Gesund essen fructosearm genießen
von Anne Kamp und Christiane Schäfer; Gräfe und Unzer Verlag, März 2007 – Das Buch richtet sich an Menschen mit Fruchtzuckerunverträglichkeit. Viele Rezepte sind aber mit ein paar Abwandlungen auch für Zölikiebetroffene geeignet.

Glutenfrei kochen und backen für Kinder
von Sigrid Soeffker und Christiane Schäfer; Gräfe und Unzer, Dezember 2011 – Aktuelle und kompakte Informationen im Theorieteil, um eine gesunde, nährstoffgerechte Ernährung für die ganze Familie zu gewährleisten. Es hilft aber vor allem dabei, kindgerechte Speisen glutenfrei, schmackhaft und abwechslungsreich zu servieren.

Große Teubner Küchenpraxis
Teubner, September 2008 – Wissenswertes über Produkte, grundlegende Kochtechniken und nützliche Küchengeräte, sowie fundierte Antworten und praxisnahe Hilfestellung für den Küchenalltag. Grundlagenwissen, das Zöliakiebetroffenen bei der Abwandlung und Zubereitung von Rezepten sehr hilfreich ist.

Kochen und Backen nach Grundrezepten
von Marie Luise Haarer; Schneider Hohengehren, September 2013 – Für alle, die erste Schritte in der Küche unternehmen und viel grundlegendes Wissen benötigen.

Lactose, Fructose & Sorbit vermeiden
von Anne Kamp und Christiane Schäfer; Trias, Februar 2009 – Das Buch richtet sich an Menschen mit Milchzucker, Fruchtzuckerunverträglichkeit und/oder Sorbitunverträglichkeit. Viele Rezepte sind aber mit ein paar Abwandlungen auch für Zölikiebetroffene geeignet.

Lass los und du bist Meister deiner Zeit
von Lothar Seiwert; Gräfe und Unzer Verlag, September 2013 – Dieser unterhaltsame Ratgeber zeigt, wie Sie sich von zeitlichen Zwängen befreien und wieder Ruhe finden. Gerade nach Erstdiagnose ist das Zeitmanagement wichtig, da viele neue Dinge geplant und umgesetzt werden müssen. Hier finden Sie Anregungen zur besseren Struktur im Alltag.

Rezepte ohne Milch, Ei, Weizen und Soja für Kinder
von Christiane Schäfer und Birgit Schäfer; Gräfe und Unzer, Dezember 2011 – Leckere und ausgewogene Rezepte vom ersten Brei bis zum gemeinsamen Essen am Familientisch für Kinder mit multiplen Lebensmittelallergien.

Superhormon Vitamin D
von Jörg Spitz; Gräfe und Unzer Verlag, September 2011 – Hier finden Sie bahnbrechende und neueste wissenschaftliche Erkenntnisse zur Heilwirkung von Vitamin D.

BEZUGSQUELLEN

Die marktführenden Hersteller glutenfreier Produkte sind Schär, Hammermühle, Seitz und SZ-glutenfrei (Dittmann). Dort bekommen Sie Einzelmehle, die Sie frei mischen und zum gewünschten Produkt verarbeiten können, Mehlmischungen, aus denen Sie je nach Herstellerempfehlung und durch Zugabe von Backtriebmitteln, Ei, Zucker, Flüssigkeit und/oder Fett Brote, Waffeln, Kuchen, Nudeln und Pfannkuchen herstellen können, oder Fertigbackmischungen speziell für Brot, Brötchen oder Waffeln, die Sie nur noch nach Packungsangabe mit flüssigen Zutaten ergänzen müssen, um das jeweilige Gebäck daraus fertig stellen zu können.

WICHTIGE ADRESSEN

www.dzg-online.de

Auf dieser Seite finden Sie Informationen und Neuigkeiten zum Thema Zöliakie und glutenfreie Ernährung von der Deutsche Zöliakie-Gesellschaft e.V (DZG). Sie wurde 1974 als Selbsthilfeorganisation von Eltern erkrankter Kinder gegründet. Sie ist eine Solidargemeinschaft, in der Menschen - die von Zöliakie / Sprue- und Dermatitis herpetiformis Duhring betroffen sind - Hilfe und Unterstützung für ihr tägliches Leben und einen sinnvollen Umgang mit der Erkrankung finden. Dank vieler ehrenamtlich engagierter Mitglieder hat sie sich einen Namen gemacht und findet bei Entscheidungsträgern in Wirtschaft und Politik Gehör.

www.zoeliakie.ch

Schweizer Interessengemeinschaft Zöliakie

www.go.to / zoeliakie

Österreichische Arbeitsgemeinschaft Zöliakie

www.ak-dida.de

Hier finden Sie eine Adressenliste der Mitglieder des Arbeitskreises allergologisch tätiger Ernährungsfachkräfte e.V. (Ak-dida), die sich verpflichtet haben, nach fest gelegten Qualitätskriterien und wissenschaftlichen Maßstäben zu arbeiten.

Die ernährungstherapeutischen Beratungen der Kolleginnen werden in den meisten Fällen von den Krankenkassen bezuschusst und / oder voll übernommen (ist abhängig von der jeweiligen Krankenkasse bzw. dem Versicherungsvertrag).

Weiterführende Adressen:

www.daab.de

Der Deutsche Allergie- und Asthmabund e.V. (DAAB) wurde bereits 1897 gegründet. Er ist der größte Patientenverband für Allergien, Asthma und Neurodermitis.

Der DAAB verfügt über ein Netzwerk von nachweislich speziell geschulten Ernährungsfachkräften, die sich vertiefend mit dem Bereich der allergischen und gastroenterologischen Erkrankungen beschäftigen.

Beim DAAB finden Sie Zeit, Hilfe und konkrete Vorschläge sowie Tipps, die Sie direkt umsetzen können und die Ihnen weiterhelfen. Für Sie engagieren sich hauptamtliche Beratungsexperten des DAAB. Die Arbeit des DAABs ist geprägt vom Austausch mit über 50 000 Betroffenen pro Jahr.

www.was-wir-essen.de

kostenloser Info-Service für alle Fragen rund um das Thema Essen und Ernährung. Experten aus verschiedenen Fachrichtungen beantworten Ihre Fragen - in der regel innerhalb von 48 Stunden.

www.fke.de

Forschungsinstitut für Kinderernährung Dortmund

www.eb-str.de

Genusspunkt – Praxis für Ernährungstherapie und Beratung von Autorin Sandra Strehle mit den Schwerpunkten Fettstoffwechselstörungen, Nahrungsmittelunverträglichkeiten, Erkrankungen der Verdauungsorgane und Adipositas bei Kindern und Jugendlichen.

www.christianeschäfer.de

Ernährungstherapeutische Praxis von Autorin Christiane Schäfer mit den Schwerpunkten Diagnostik und Therapie bei Nahrungsmittelunverträglichkeiten und Erkrankungen der Verdauungsorgane. Christiane Schäfer ist auch anerkannte Fachreferentin für medizinische Fachgesellschaften sowie für Berufs- und Patientenverbände.

SACHREGISTER

REZEPTREGISTER